内部交流·注意保存

以案明纪

——税务系统警示教育案例选编
（五）

中 共 国 家 税 务 总 局 委 员 会
中央纪委国家监委驻国家税务总局纪检监察组 编

中国税务出版社

图书在版编目（CIP）数据

以案明纪：税务系统警示教育案例选编．五／中共国家
税务总局委员会，中央纪委国家监委驻国家税务总局纪
检监察组编．-- 北京：中国税务出版社，2020.12（2021.4重印）
ISBN 978-7-5678-1034-1

Ⅰ．①以…　Ⅱ．①中…　②中…　Ⅲ．①国家税收 - 税
收管理 - 案例 - 中国　Ⅳ．① F812.423

中国版本图书馆 CIP 数据核字（2020）第 253123 号

书　　名：以案明纪——税务系统警示教育案例选编（五）
作　　者：中 共 国 家 税 务 总 局 委 员 会　编
　　　　　中央纪委国家监委驻国家税务总局纪检监察组
责任编辑：唐　卿
责任校对：姚浩晴
技术设计：刘冬珂
出版发行：中国税务出版社

北京市丰台区广安路 9 号国投财富广场 1 号楼 11 层
邮编：100055
http：//www.taxation.cn
E-mail：swcb@taxation.cn
发行中心电话：（010）83362083/85/86

印　　刷：天津嘉恒印务有限公司
规　　格：787 毫米 ×1092 毫米　1/16
印　　张：10.75
字　　数：94000 字
版　　次：2020 年 12 月第 1 版　2021 年 4 月第 4 次印刷
书　　号：ISBN 978-7-5678-1034-1
定　　价：25.00 元

如有印装错误　本社负责调换

前　言

　　党的十九大以来，在以习近平同志为核心的党中央坚强领导下，全面从严治党取得新的战略性成果，反腐败斗争压倒性胜利不断巩固拓展，但反"四风"反腐败形势依然严峻复杂。近年来，税务系统各级党组织坚决贯彻习近平总书记关于"全面从严治党既是政治保障，也是政治引领"的重要论述精神，坚决落实中央和国家机关首先是政治机关的要求，不断完善"纵合横通强党建、绩效管理抓班子、数字人事管干部、人才工程育俊杰、严管善待活基层"的机制制度体系，较好推动了各项税收工作和税务系统队伍建设。但税务系统点多面广线长，在完善税收治理体系和推动全面从严治党向纵深发展方面，还面临一些重点难点问题。

　　为推动税务系统各级党组织深入学习贯彻习近平新时代中国特色社会主义思想和党的十九大、十九届二中、三中、四中、五中全会精神，认真落实十九届中央纪委历次全会部署和中央纪委国家监委各项要求，严格履行全面从严治党政治责任，进一步增强税务系统党员干部的纪律和规矩意识，国家税务总局党委、中央纪委国家监委驻国家税务总局纪检监察组选取税务系统查处的82个典型问题，编写了《以案明纪——税务系统警示教育案例选编（五）》，按照违反中央八项规定精神类、违反党的纪律类、问责类、职务违法类、非职务违法类汇编成册，分析案例发生的主客观原因、指出其危害性和警示意义、提出对策建议和防范措施。本书选取的典型问题既有部分党员干部纪律规矩意识淡薄，违反党章党规党纪，受到纪律处分问题；也有突破法律底线，构成职务违法和非职务违法犯罪，被追究法律责任问题；还有基层党组织、党员领导干部履行管党治党政治责任不到位，维护党的纪律责任不力被追责问责问题。这些问题反映出税务系统一些党组织全面从严治党主体责任没有压紧压实、存在"上热中温下冷"的现象，一些单位政治意识不强、制度空转、内控机制不健全、管党治党和日常管理宽松软、纪检监督缺位等问题突出。税务系统广大党员干部特别是领导干部，要从案例中汲取教训、举一反三、引以为戒，做到知敬畏、存戒惧、守底线，不断提高政治觉悟和思想境界。

税务系统各级党组织要以习近平新时代中国特色社会

主义思想为指导，进一步增强"四个意识"、坚定"四个自信"、做到"两个维护"，认真履行管党治党政治责任，强化对权力运行的制约和监督，推动完善一体推进"三不"体制机制，扎实推进深化税务系统纪检监察体制改革，探索构建税务系统一体化综合监督体系，强化监督执纪，进一步推进税务系统全面从严治党向纵深发展。广大党员干部特别是领导干部，要自觉把思想和行动统一到习近平总书记重要讲话精神和党中央决策部署上来，在不折不扣落实减税降费政策、依法依规组织税费收入、持续改进办税缴费服务、不断优化税务执法方式和税收营商环境等方面提质增效，进一步发挥税收在国家治理中的基础性、支柱性、保障性作用。各级纪检机构和纪检干部要准确把握新阶段、新理念、新格局对纪检工作的新要求，围绕高质量发展的主题主线，结合税务系统队伍大、层级多、分布广，越到基层征管权力越直接具体的实际，紧盯税收执法权和行政管理权运行，严厉惩治税务人员与不法分子内外勾结、谋取私利问题，坚持"一案双查"倒查领导责任，形成不敢腐的震慑；深化以案为鉴、以案促改，提出纪律检查建议，推动加强管理监督和信息化建设，形成全程防控、及时预警、严肃查处的全流程闭环管理责任链条，强化不能腐的约束；推动加强思想道德和党纪国法教育，开展严管就是厚爱警示教育，推进廉洁文化建设和家风建设，增强不想腐的自觉。通过切实加强对税务权力的制约监督，把监督融入税收治理，更好管控税务系统内部廉政风险和外部不法分子侵蚀税款问题，确保国家税收安全，推动依法履职、廉洁从政，提升行政效率和公信力，把征管体制改革制度优势转化为治理效能，为高质量推进新时代税收现代化提供坚强保障。

编　者

2020 年 12 月

目　录

第一篇：违反中央八项规定精神类

第二篇：违反党的纪律类

第三篇：问责类

第四篇：职务违法类

第一篇

违反中央八项规定精神类

🔒 编者按

习近平总书记强调，党的作风就是党的形象，关系人心向背，关系党的生死存亡。党的十九大以来税务系统严格落实党中央部署、中央纪委国家监委要求，狠抓中央八项规定及其实施细则精神落实，坚持日常监督和专项督查相结合，一个节点一个节点坚守，深挖细查顶风违纪、隐形变异问题，持续整治违规收送礼品礼金、违规吃喝、违规发放津补贴等突出问题，坚决防止"四风"反弹回潮。但高压之下，税务系统仍有部分干部不收敛、不收手、不知止，顶风违纪，违反中央八项规定精神问题时有发生，甚至出现隐形变异新动向，折射出少数党员干部对作风建设仍抱有松口气、歇歇脚的幻想，以及部分单位管理不严、主体责任和监督责任履行不到位等问题。本篇选取19个典型问题，重点剖析税务系统违反中央八项规定精神突出问题的表现形式、产生根源，警示教育各级党组织和领导干部以钉钉子精神继续推进中央八项规定及其实施细则精神的贯彻落实，持之以恒巩固拓展作风建设成效，释放越往后盯得越紧、执纪越严的强烈信号，推动化风成俗、成为习惯。

一、形式主义、官僚主义问题

案例一

广西崇左某县税务局韦某某不认真履行驻村扶贫职责问题

韦某某，国家税务总局某县税务局办公室一级行政执法员，2018年3月至2019年1月任某村驻村第一书记。

该村贫困户钟某甲户实际人口为7人，但按4人申报易地扶贫搬迁；潘某某户实际人口为6人，但按3人申报易地扶贫搬迁。2018年3月，2户的结对帮扶人在发现该情况后，向韦某某作了报告，但韦某某未及时报送扶贫办，且在村易地扶贫搬迁评议会上没有提出反对意见，致使钟某甲户的易地扶贫搬迁安置房比实际应享受面积少20平方米，潘某某户比实际应享受面积少45平方米。

此外，该村贫困户钟某乙户2018年按照家庭实际人口2人申请扶贫易地搬迁指标，但由于其子为服刑人员，家庭立档建卡人数只有1人。在村易地扶贫搬迁评议会上，有村民指出钟某乙儿子为服刑人员不应享受易地扶贫搬迁政策，但村支书、主任吴某某坚持强调"钟某乙户先按2人申报易地扶贫搬迁，具体再由上级审核确定"，韦某某作为驻村第一书记没有提出反对意见，致使钟某乙户的易地扶贫搬迁安置房比实际应享受面积多25平方米。

韦某某受到党内警告处分。

案例二

山西大同某县税务局王某某随意执法乱作为问题

王某某，国家税务总局某县税务局风险管理股长。2017年至2018年，王某某违反《税务登记管理办法》等规定，随意执法，未采取税务约谈、实地核查、向下游税务机关发函协查等核查措施，就对某纺织公司先后采取了将其列为风险纳税人、通知办税服务厅停供发票、将其开具的20份增值税专用发票列为异常抵扣凭证、列为非正常户等执法行为，致使下游受票企业损失进项税款26.73万余元。

王某某受到党内警告、行政记过处分。

案例三

广西南宁某区税务局覃某不作为慢作为超期办结涉税事项问题

覃某，国家税务总局南宁市某区税务局下属分局四级主办。2019年7月16日下午，该局受理某公司申请办理增值税专用发票月领25份增加到50份事项。7月17日上午，审批主办人覃某收到申请资料，但未按相关工作流程及时处理。7月18日至22日，该公司财务人员先后7次拨打覃某电话，催促其到公司约谈核查。覃某直至7月22日下午，才与协办人员到该公司进行实地核查与约谈。7月23日，覃某同意该公司发票增量申请并报批，超期5天办结引起纳税人不满并引发举报投诉，在社会上造成不良影响。此外，覃某在发票核定工作中还存在对24户纳税人涉税事项超时办结的问题。

覃某受到党内警告处分。

分析点评

2020年1月，中央纪委国家监委首次在公布的《全国查处违反中央八项规定精神问题统计表》中增加了"形式主义、官僚主义问题"条目，并将其细化为"贯彻党中央重大决策部署有令不行、有禁不止，或者表态多调门高、行动少落实差，脱离实际、脱离群众，造成严重后果""在履职尽责、服务经济社会发展和生态环境保护方面不担当、不作为、乱作为、假作为，严重影响高质量发展""在联系服务群众中消极应付、冷硬横推、效率低下，损害群众利益，群众反映强烈""文山会海反弹回潮，文风会风不实不正，督查检查考核过多过频、过度留痕，给基层造成严重负担"等突出问题。根据通报，2019 年，全国共查处形式主义、官僚主义问题 7.49 万起，处理党员干部 10.8 万人。

形式主义、官僚主义是一种长期存在的复杂历史现象，同我们党的性质宗旨和优良作风格格不入，是我们党的大敌、人民的大敌，极大梗阻了党中央决策部署落实落地。从近期查处的问题看，税务系统形式主义、官僚主义问题依然存在，如广西韦某某在扶贫工作中不认真履行职责，造成不良影响；山西王某某随意执法，给纳税人造成较大损失；广西覃某不严格执行工作规定，几经纳税人催促后才超期办理业务。这些问题不仅与党中央脱贫攻坚总体部署、税务系统深化"放管服"改革和优化营商环境总体要求相悖，还损害税务机关形象，影响了党和政府的公信力。

形式主义、官僚主义问题人人痛恨、个个喊打，却屡禁不绝、花样翻新，究其原因，有的党员干部没有把人民放在心中最高的位置，反而把自己置于人民之上、组织之上，个人主义和特权思想严重；有的政绩观错位，投机取巧、弄虚作假，做表面文章；有的本领不高、能力不足，不会干就乱干一气；还有的怕担责任、上推下卸、不作为、不担当；等等。

《中国共产党纪律处分条例》第一百二十二条规定："有下列行为之一，造成严重不良影响，对直接责任者和领导责任者，情节较轻的，给予警告或者严重警告处分；情节较重的，给予撤销党内职务或者留党察看处分；情节严重的，给予开除党籍处分：（一）贯彻党中央决策部署只表态不落实的；（二）热衷于搞舆论造势、浮在表面的；（三）单纯以会议贯彻会议、以文件落实文件，在实际工作中不见诸行动的；（四）工作中有其他形式主义、官僚主义行为的。"

作风建设永远在路上。要把力戒形式主义、官僚主义作为加强作风建设的重要任务，不仅要从思想上作风上而且要从制度上机制上加以破解。税务系统各级党组织要从讲政治高度整治形式主义、官僚主义，认真贯彻中共中央办公厅印发的《关于持续解决困扰基层的形式主义问题为决胜全面建成小康社会提供坚强作风保证的通知》精神，采取多种方式筑牢克服形式主义、官僚主义的思想政治根基。各级纪检机构要督促各主责部门在贯彻落实党中央部署、发文开会、督查检查考核、调查研究、激励干部担当作为等方面自查自纠，注意发现贯彻党中央决策部署只表态不落实、维护群众利益不担当不作为以及困扰基层的形式主义、官僚主义等突出问题，列出负面清单并动态更新，逐一对照整改，并将整改情况在一定范围内公开。各级领导干部要深化对形式主义、官僚主义危害的认识，坚守以人民为中心的政治立场，负好责、带好头、当好表率，拿出迎难而上、持之以恒的斗争精神，一锤一锤接着敲，以无声的号召、强大的引领，感染和带动广大党员干部转作风、正风气，打赢作风建设这场攻坚战、持久战。

二、违规收送礼品礼金问题

案例一

辽宁、宁夏税务系统两干部节日期间违规收受管理服务对象礼品礼金等问题

葛某某，国家税务总局盘锦市某区税务局社会保险费和非税收入股四级主办。2017年春节前，时任原该市地税局税务所税管员的葛某某，通过现金和微信转账方式收受管理服务对象所送礼金7000元、消费卡2000元；2017年7月至10月，收受管理服务对象所送礼金4000元。共计收受礼金11000元、消费卡2000元。葛某某受到党内严重警告、行政记大过处分。

徐某某，国家税务总局某市税务局党委委员、副局长。2018年春节前，徐某某在其办公室收受某运输公司法定代表人马某所送5张面值共计5000元的购物卡。

徐某某受到党内警告处分。

案例二

广东、甘肃税务系统两干部违规收受管理服务对象礼品礼金问题

冯某某，国家税务总局某市税务局税政股副股长。2018年7月，时任原该市国税局税源管理二股主要负责人的冯某某在办理出口退税业务期间，2次收受管理服务对象所送价值共计3660元的茶叶。冯某某受到党内警告处分。

杨某某，国家税务总局天水市某区税务局下属分局长。2017年3月至4月，时任原该区国税局下属分局长的杨某某收受某汽车城财务人员所送现金2000元。杨某某受到党内警告处分，并被免去分局长职务。

案例三

重庆某区税务局四干部违规收受礼金、违规接受管理服务对象宴请和娱乐活动安排问题

马某，国家税务总局重庆市某区税务局 A 税务所主任科员。2017 年 9 月，马某在为某娱乐公司办理税收业务过程中，收受该公司工作人员所送礼金 1600 元；2018 年春节前，马某接受该公司所经营 KTV 提供的唱歌娱乐活动，费用 1200 元，并收受该公司工作人员所送礼金 2000 元。马某受到党内警告处分。

方某，国家税务总局重庆市某区税务局 B 税务所长；曾某某，该所副所长；胡某某，该所主任科员。2019 年 1 月，方某、曾某某、胡某某接受上述某娱乐公司宴请，餐费约 1300 元，并饮用该公司提供的红酒 1 瓶。席间 3 人分别收受该公司工作人员所送礼金 3000 元，共计 9000 元。方某、曾某某、胡某某受到党内警告处分。

分析点评

税务系统违规收送礼品礼金问题屡禁不绝，占比一直居高不下，2017年、2018年、2019年，分别占税务系统查处违反中央八项规定精神问题数的61.3%、58.1%、50.8%，2020年1月至9月占54.71%。这些数据既体现了税务系统对整治违规收送礼品礼金问题紧盯不放的坚定决心，也表明高压之下不收手、不知止的情况仍不少见。如辽宁葛某某收受礼金和消费卡，宁夏徐某某收受购物卡，广东冯某某收受茶叶，甘肃杨某某收受礼金，重庆马某等4人收受礼金并接受宴请、娱乐活动安排。这些问题大部分发生在或持续到党的十九大后，反映出部分税务干部漠视纪律规矩，积习难改，说明作风建设永远在路上，一刻不能松，半步不能退。

《中国共产党纪律处分条例》第八十八条规定："收受可能影响公正执行公务的礼品、礼金、消费卡和有价证券、股权、其他金融产品等财物，情节较轻的，给予警告或者严重警告处分；情节较重的，给予撤销党内职务或者留党察看处分；情节严重的，给予开除党籍处分。"第八十九条规定："向从事公务的人员及其配偶、子女及其配偶等亲属和其他特定关系人赠送明显超出正常礼尚往来的礼品、礼金、消费卡和有价证券、股权、其他金融产品等财物，情节较重的，给予警告或者严重警告处分；情节严重的，给予撤销党内职务或者留党察看处分。"

落实中央八项规定精神、纠治"四风"必须寸步不让、久久为功。税务系统各级党组织要增强抓作风改作风的自觉性和坚定性，防止老问题复燃、新问题萌发、小问题坐大；要针对普遍性问题和反复出现的问题，进一步具体、细化制度规定，列出正面、负面清单并抓好落实；要扎实开展违规收送礼品礼金问题专项整治，对主动交代的从轻处理或免于处理，对顶风违纪的从严查处。各级纪检机构要深挖细查"四风"问题隐形变异的种种表现，加大排查、查处、通报曝光力度，对违纪行为发生在党的十九大后，受到党政纪处分的党员干部一律点名道姓通报曝光；要坚守重要时间节点，紧盯薄弱环节，提出纪律要求，对节日期间"四风"问题线索从快处置、快查快办，从严查处、绝不姑息，持续释放查纠"四风"一刻不松、一严到底的强烈信号。各级领导干部要发挥"头雁效应"，坚持把自己摆进去，带头防治、自觉抵制、主动整治，以上率下带动广大党员干部形成纠治"四风"的良好态势；广大党员干部要从上述案例中汲取教训，加强党性修养，牢记党的宗旨，不断提高自身免疫力，切实增强落实中央八项规定精神的思想自觉和行动自觉。

三、违规公款吃喝问题

案例一

河南信阳某县税务局姜某某套取公款违规吃喝等问题

姜某某，国家税务总局某县税务局党委副书记、副局长。2014年12月，时任原该县国税局党组书记、局长的姜某某，指使工作人员从某宾馆取得住宿费发票5张，以培训费名义列支9.84万余元，实际用于支付该局违规接待费6.19万余元、住宿费3.65万余元。2015年3月、9月，姜某某指使工作人员先后两次分别以宣传费、印刷费名义取得代开发票2张，经报销取得现金1.64万余元，实际用于支付违规公务接待费用。2014年至2018年，姜某某指使工作人员购买32瓶价值共计2.08万元的52度五粮液白酒、60余斤价值共计1.6万元的信阳毛尖茶叶用于公务接待，并将上述费用混入该局办公费中列支。

姜某某受到党内严重警告、行政降级处分，并被免去该局党委副书记、副局长职务。

案例二

原新疆某市地税局违规购买烟酒用于外单位接待问题

尹某，国家税务总局某市税务局党委委员、副局长。2017年5月至2018年3月，原该市地税局为协调与当地有关部门关系，获得在经费保障、人员编制、集资房、维稳等方面的支持，时任该局党组成员、副局长的尹某（主持工作），安排工作人员购买烟酒，合计金额1.68万余元（其中五粮液白酒1箱5880元，中华牌香烟985元，共6865元），提供给外单位用于接待；后又以"茶叶、饮料、矿泉水"的名义开具发票在该局变通报销部分费用，共计6680元。

尹某受到党内警告处分。

分析点评

2017年、2018年、2019年，税务系统违规公款吃喝问题分别占查处的违反中央八项规定精神问题数的7.21%、16.2%、4.3%，2020年1月至9月占5.29%。违规公款吃喝的表现形式主要有公款超标准吃喝、公款同城吃请、无公函的公款吃喝、公款接待陪餐人数超标、公款接待违规饮酒、虚列开支套取公款冲抵吃喝费用等。

近年来，全党上下把治理违规公款吃喝作为落实中央八项规定精神的重要着力点，从严查处、通报曝光，形成压倒性态势。党中央相继出台《党政机关厉行节约反对浪费条例》《党政机关国内公务接待管理规定》等制度，规范公务接待，其中就包括细化用餐标准和陪餐人数规定等。在高压态势及制度规范下，违规公款吃喝问题得到有效治理，各地明面上的违规公款吃喝得到明显遏制，但有的干部对公款吃请不以为然，隐形变异违规公款吃喝问题仍时有发生，如河南姜某某套取公款违规吃喝，新疆尹某购买高档烟酒提供给相关单位用于公务接待等。这些问题说明违规吃喝问题具有顽固性，其治理不可能毕其功于一役，必须常抓不懈、露头就打。

《党政机关厉行节约反对浪费条例》第二十一条明确规定："党政机关应当严格执行国内公务接待标准，实行接待费支出总额控制制度。接待单位应当严格按标准安排接待对象的住宿用房，协助安排用餐的按标准收取餐费，不得在接待费中列支应当由接待对象承担的费用，不得以举办会议、培训等名义列支、转移、隐匿接待费开支。"《党政机关国内公务接待管理规定》第十条规定："接待对象应当按照规定标准自行用餐。确因工作需要，接待单位可以安排工作餐一次，并严格控制陪餐人数。接待对象在10人以内的，陪餐人数不得超过3人；超过10人的，不得超过接待对象人数的三分之一。工作餐应当供应家常菜，不得提供鱼翅、燕窝等高档菜肴和用野生保护动物制作的菜肴，不得提供香烟和高档酒水，不得使用私人会所、高消费餐饮场所。"2018年1月，国家税务总局为贯彻落实中央八项规定及其实施细则精神，明确规定公务接待禁止提供酒水和酒精性饮料。

奢靡之始，危亡之渐。违规公款吃喝是社会顽疾，与中华民族勤俭节约的优良传统背道而驰，必须以猛药治病的姿态加以治理。税务系统各级党组织要着力健全财务管理制度，细化完善公务接待标准，严格落实公务接待审批、核准和监督制度，扎紧防范违规公款吃喝的制度藩篱。各级纪检机构要加大对公务接待相关规定执行情况的监督检查，发现一起、查处一起；特别要紧盯公款吃喝问题新形式、新动向，紧盯穿上隐身衣的享乐主义、奢靡之风，深挖细查各类隐形变异问题及其背后的失职失责问题，从严通报曝光，保持强大震慑。广大党员干部要提升思想境界、厘清公私界限，严守纪律底线，管得住嘴、管得住腿，坚决抵制公款吃喝等不良习气。

四、违规接受管理服务对象宴请等问题

案例一

安徽、青海税务系统两干部违规接受宴请等问题

　　张某某，国家税务总局安庆市税务局某下属分局长。2017 年 1 月 20 日，张某某带领下属工作人员到某保险公司开展税收业务辅导，并接受该公司宴请，餐费 1806 元。2018 年 2 月 21 日，张某某到某纺织公司进行工作拜访，并接受该公司宴请，餐费 1580 元。3 月 23 日，张某某所在单位与某公司开展党支部税企共建活动，活动结束后张某某接受该公司宴请，餐费 1480 元。3 次宴请餐费都在相关企业入账报销。张某某受到党内严重警告处分。

　　张某，国家税务总局德令哈市税务局某下属分局长。2017 年，时任原该市国税局某下属分局长的张某，接受该市某会计代理公司宴请，并默许该公司法定代表人代付购买家

用壁挂炉和羊肉的费用，共计 2531 元。此外，张某还存在其他违纪问题。张某受到党内警告、行政记过处分。

案例二

江苏昆山市税务局蔡某违规接受宴请及娱乐活动等问题

蔡某，国家税务总局昆山市税务局某下属分局科员。2017 年至 2018 年，蔡某先后 4 次接受管理服务对象崔某某宴请；接受崔某某微信转账 2 次，金额合计 1776 元（蔡某回赠微信红包 1 个，金额 88.88 元）；多次接受崔某某安排的足浴、肩颈按摩，期间崔某某向蔡某的美容贵宾卡充值 1 万元；接受崔某某赠送土特产 2 次，金额合计 500 元。此外，蔡某还存在其他违纪问题。

蔡某受到党内严重警告处分。

分析点评

十九届中央纪委四次全会后，中央纪委国家监委对查处享乐主义、奢靡之风问题的数据统计指标进行了优化调整，紧盯"不吃公款吃老板"等隐形变异问题，将"其他"项中的"违规接受管理和服务对象等宴请"作为统计子项单列，进一步突出了治理重点。2020年10月26日，中央纪委国家监委公布了9月份全国查处违反中央八项规定精神问题汇总情况。数据显示，1月至9月全国"违规吃喝"查处问题数7317起、处理11225人、党纪政务处分7768人。其中，"违规接受管理和服务对象等宴请"2369起、处理3935人、处分2684人，分别占32.38%、35.06%、34.55%。违规接受管理服务对象宴请的本质是特权思想和特权现象，甚至隐藏权钱交易，具有极大的危害性。有的是到企业开展公务活动接受企业安排和宴请，如安徽张某某；有的是接受当事人、请托人、利害关系人以及管理服务对象安排的吃请，如青海张某；有的是参加在私人会所或高消费娱乐场所安排的吃请，如江苏蔡某不仅接受宴请，还接受娱乐活动安排；等等。违规接受管理服务对象宴请表面上看没花公家一分钱，吃喝由管理服务对象买单，但吃请背后隐藏的是相互之间的利益输送和交易。天下没有免费的午餐，很多干部被"围猎"，就是从与老板吃吃喝喝开始的。管理服务对象之所以心甘情愿掏钱买单，无非是看中了公职人员手里的权力，通过邀请党员干部吃喝联络感情，最终为的是从公权力的影响中捞取利益。

《中国共产党纪律处分条例》第九十二条规定："接受、提供可能影响公正执行公务的宴请或者旅游、健身、娱乐等活动安排，情节较重的，给予警告或者严重警告处分；情节严重的，给予撤销党内职务或者留党察看处分。"国家税务总局在2013年9月发布的《关于严肃纪律促进廉洁从税的通知》（税总发〔2013〕103号）中规定："不得利用职务之便接受纳税人和基层出资的旅游、健身、娱乐、宴请等活动安排，收受纳税人和基层赠送的财物以及会员卡、消费卡。"

　　无数案例证明，党员"破法"，无不始于"破纪"。税务系统各级党组织要增强忧患意识、保持政治定力，持之以恒落实中央八项规定及其实施细则精神；针对接受可能影响公正执行公务的宴请或者旅游、健身、娱乐活动安排等问题，要不断压实责任，查找症结，细化管理制度，堵塞漏洞；密切关注"不吃公款吃老板"等新动向、新表现，进一步明晰税企交往的界限和禁区、红线和底线，构建"亲""清"税企关系。各级纪检机构要加强对税务干部交往情况的监督，通过畅通监督举报渠道，用好网络、微博、微信等新媒体，让广大群众方便参与、有效监督，持之以恒抓作风、改作风、严作风。广大党员干部必须警惕违规宴请所带来的腐败风险，防止落入"围猎"陷阱，与企业打交道时，立身行己、秉公用权，真心实意为企业排忧解难，光明磊落同企业交往，以实际行动展现清正廉洁税务干部良好形象。

五、违规操办婚丧喜庆事宜问题

案例一

安徽铜陵某区税务局程某违规操办其子升学宴问题

程某，国家税务总局铜陵某区税务局征收管理股长、四级主办。2019年8月14日，程某向组织报送的《税务人员操办升学宴情况报告表》为零报告。8月24日，程某为其子上大学操办5桌升学宴，收受2户管理服务对象所送礼金1800元，其中某电力设备公司会计张某所送礼金1000元、某园林公司法定代表人汪某所送礼金800元。

程某受到党内警告处分。

案例二

河南临颍县税务局石某违规操办外孙女出生喜宴问题

　　石某，国家税务总局临颍县税务局某下属分局副局长。2019年7月8日，石某为其外孙女操办出生喜宴。当天，石某向县局纪检组报备5桌，中午喜宴实际到场10桌。喜宴举办前，石某打电话邀请该县某行业协会秘书长郎某某参加喜宴，并授意其通知协会其他相关企业负责人参加；石某又打电话邀请肖某某等其他企业负责人参加。喜宴当天石某收受23户企业负责人所送礼金，共计1.45万元。当晚石某在某酒店再次举办喜宴，邀请本单位41名同事参加，每人随礼200元，共计8200元。

　　石某受到党内严重警告处分。

分析点评

　　婚丧喜庆办酒席，宴请宾朋，是人之常情。但是一些党员干部却不顾影响，大操大办婚丧喜庆事宜，讲排场、比阔气，到处打招呼、下请柬，大摆筵席，有的则借机敛取钱财。这些行为既有损党员干部的形象，也助长奢靡浪费之风，在社会上造成了不良影响，应当坚决予以反对和纠正。

从近期查处的违纪案例来看，税务系统违规操办婚丧喜庆事宜问题，主要有以下几种情形：一是借操办婚丧喜庆之机违规收受礼品礼金；二是多办少报或不报、超报备规模办理婚丧喜庆；三是分批次、分时段多次操办，采取化整为零方式规避风险。如安徽程某操办其子升学宴未向组织报备，并违规收取管理服务对象礼金；河南石某不仅多办少报、分时段多次操办，还打电话邀请和授意他人邀请管理服务对象参加喜宴并收受礼金。

《中国共产党纪律处分条例》第九十一条规定："利用职权或者职务上的影响操办婚丧喜庆事宜，在社会上造成不良影响的，给予警告或者严重警告处分；情节严重的，给予撤销党内职务处分；借机敛财或者有其他侵犯国家、集体和人民利益行为的，从重或者加重处分，直至开除党籍。"2015年《驻国家税务总局纪检组关于加强领导干部婚丧喜庆等事项报告的补充通知》（税总党纪函〔2015〕6号）第二条规定："领导干部要严格要求自己，带头崇尚节俭、移风易俗，一律不得邀请纳税人和税务干部参加本人及直系亲属婚丧喜庆活动；同时，不得收受与行使职权有关或可能影响公正执行公务的单位、纳税人、税务干部等对象的礼品礼金。"

违规操办婚丧喜庆事宜等风俗腐败危害不容小觑，必须有效遏制和治理。税务系统各级党组织要紧密结合本单位本系统实际，进一步完善制度规定，使党员干部在操办婚丧嫁娶等事宜中有章可循、按章办事；认真开展廉政教育，采取多种方式向党员干部打招呼、提要求，不断增强纪律规矩意识。各级纪检机构要通过明察暗访等方式对党员领导干部操办婚丧喜庆事宜的申报、审批情况进行监督检查，防止申报一套、操办一套；要结合七月、八月是办升学宴高峰，"五一""十一"是办婚宴高峰等实际情况，紧盯重要时间节点不放，开展有针对性的明察暗访；进一步畅通举报渠道，对群众举报和媒体曝光的违规操办婚丧喜庆事宜的线索，及时进行调查核实和处理，并对"耍花招"企图规避组织监督的行为从严查处。广大党员干部特别是领导干部要坚持节俭、廉洁的原则，带头移风易俗，大力营造健康、文明、向上的社会风气，形成"喜事新办、丧事简办"的良好风尚。

六、违规发放津补贴或福利问题

案例一

原陕西西安某区地税局违规发放津补贴问题

胡某某，国家税务总局西安市某区税务局党委委员（正处长级）。2018年5月，原该区地税局违规发放3月2日至5月1日期间的工作日维稳值班补助，且于2018年清明、"五一"重复发放节假日值班和维稳值班补助，其中胡某某本人违规领取维稳值班补助7050元。时任该局党组书记、局长的胡某某对此负有主要领导责任。

胡某某受到党内警告处分。

案例二

贵州省税务局姜某某等套取培训经费违规发放补贴等问题

姜某某，国家税务总局贵州省税务局 A 处副处长；潘某，该局 B 处二级主任科员。2017 年 8 月，原该省地税局委托某酒店举办司法考试培训班，时任原该省地税局 A 处临时负责人的姜某某，授意时任该处主任科员的潘某，以在酒店消费烟酒等方式，从培训费中套取资金设立小金库。培训结束后，姜某某利用小金库向该处 6 名工作人员发放每人 1000 元至 3500 元不等的补贴共计 1.3 万元。此外，姜某某、潘某还存在其他严重违纪问题。

姜某某、潘某受到留党察看二年、行政撤职处分，分别降为三级主任科员、一级科员。

分析点评

违规发放津补贴或福利问题是部分单位、部门、个人片面追求谋取小集体利益的表现，是违反中央八项规定及其实施细则精神的突出表现之一。税务系统查处的违反中央八项规定精神问题中，违规发放津补贴或福利问题2018年占3.35%，2019年占4.7%，2020年1月至9月占1.18%。

从近期税务系统查处的问题来看，当前违规发放津补贴或福利问题主要有以下几种情形：无视加班费、值班费、未休年休假补贴等相关规定，超标准、超范围随意发放，如原陕西西安某区地税局违规发放、重复发放节假日值班及维稳值班补助；通过购买办公用品、食品等名义套取专项资金设立小金库，以此来违规发放津补贴或福利，如贵州姜某某、潘某以在酒店消费烟酒的名义从培训费中套取资金设立小金库，用于向部门人员发放补贴等；巧立名目，未经批准随意开展考核检查及认定类项目，以此名义发放各种福利；借"集体决策"之名违规发放补贴福利；违反工会经费使用规定滥发福利；等等。

违规发放津补贴或福利问题之所以屡禁不止，究其原因，一是存在法不责众的投机取巧、麻痹大意心理，以"集体决策"为托词逃避追责；二是存在迎合下属、怕得罪人的好人主义心理，对违规问题抵制不够坚决；三是相关制度不够健全完善，财务管理不规范，监督不到位，给违规发放津补贴或福利提供了可乘之机。

《中国共产党纪律处分条例》第一百零四条规定："违反有关规定自定薪酬或者滥发津贴、补贴、奖金等，对直接责任者和领导责任者，情节较轻的，给予警告或者严重警告处分；情节较重的，给予撤销党内职务或者留党察看处分；情节严重的，给予开除党籍处分。"2013年8月财政部、审计署等四部委专门针对违规发放津贴行为下发实施了《违规发放津贴补贴行为处分规定》（监察部　人力资源和社会保障部　财政部　审计署令第31号），对违规发放津贴补贴的适用对象、表现形式及处分档次的设定做出明确规定。

善除害者察其本，善理疾者绝其源。违规发放津补贴或福利，看似大家参与、人人得利，但做出决定的，一般是相关单位主要领导或分管领导，这就要求紧盯关键少数、压实主体责任。税务系统各级党组织要认真履行管党治党政治责任，加强对广大党员干部特别是"一把手"的教育管理和监督，严格执行中央关于发放津补贴或福利的有关政策规定，健全完善相关制度机制，强化精准思维，明确哪些能发、哪些不能发，从源头上堵塞漏洞，防止类似问题再次发生。各级纪检机构要强化监督执纪问责，对违规发放津补贴或福利问题，发现一起、查处一起，一步不松、半寸不让；督促相关职能部门对规范发放津补贴问题深入研究、因应施策，对规定模糊不清的予以明确，对过于原则性的予以细化，明晰操作规范，扎牢制度笼子，强化日常监督检查，对违规发放的坚决纠正。

七、公款旅游问题

河北某市税务局张某某改变公务行程借机旅游问题

张某某，国家税务总局某市税务局机关党委副书记（正科长级）。2017年10月12日至18日，时任原该市某县国税局党组书记、局长的张某某，带领工作人员一行4人前往银川，对所辖企业进行实地核查。在实地核查等待期间，张某某等人改变公务行程，借机赴敦煌旅游，事后报销、领取了在敦煌期间应由个人负担的住宿费和交通伙食补助共计8448元。

张某某受到党内警告处分。

分析点评

税务系统查处的违反中央八项规定精神问题中，公款旅游问题2018年占2.79%，2019年占1.9%，2020年1月至9月占1.18%。

公款旅游是"四风"问题的一种，具有顽固性、反复性的明显特征，严重败坏了党风政风，损害了党和政府形象，必须引起高度重视。分析近年来通报曝光的违反中央八项规定精神典型问题发现，明目张胆的公款旅游少了，隐形变异的公款旅游多了。有的声东击西，改变公务行程，延长出行时间，借机参观游览，如河北张某某赴外地核查期间绕道去旅游，并违规报销、领取住宿费和交通补助；有的巧立名目，打着职工疗养、党建团建的幌子公款旅游；有的浑水摸鱼、搭便车，连亲属的费用也一起从公款列支；还有的瞒天过海、搞变通，以培训、考察之名公款旅游，并无实质性考察活动；等等。

党的十九大以来，随着作风建设深入推进，税务系统公款旅游问题得到有效遏制，但借公务差旅之机旅游问题仍时有发生。究其原因，一方面是因为一些党员干部的特权思想根深蒂固、纪律意识淡薄，总是想着法子利用公款"顺道游"，把公款旅游当做福利待遇；另一方面是一些单位审批把关不严、监管不力。有的对组织外出学习、考察、培训申请审核把关不严；有的对团组疏于管理、缺乏监督检查，对弄虚作假、绕道旅游等问题视而不见；有的对公款旅游报销审批管理不严，财务制度存在漏洞。

《中国共产党纪律处分条例》第一百零五条规定："有

下列行为之一，对直接责任者和领导责任者，情节较轻的，给予警告或者严重警告处分；情节较重的，给予撤销党内职务或者留党察看处分；情节严重的，给予开除党籍处分：（一）公款旅游或者以学习培训、考察调研、职工疗养等为名变相公款旅游的；（二）改变公务行程，借机旅游的；（三）参加所管理企业、下属单位组织的考察活动，借机旅游的。以考察、学习、培训、研讨、招商、参展等名义变相用公款出国（境）旅游的，依照前款规定处理。"《党政机关厉行节约反对浪费条例》第十三条规定："党政机关应当建立健全并严格执行国内差旅内部审批制度，从严控制国内差旅人数和天数，严禁无明确公务目的的差旅活动，严禁以公务差旅为名变相旅游，严禁异地部门间无实质内容的学习交流和考察调研。"

公款旅游既挥霍国家资财，又滋长享乐主义，影响干群关系，必须坚决加以遏制。税务系统各级党组织要加强公共资金管理和监督，严格履行审批程序，强化审计监督，让公款旅游没有可乘之机；要加强对党员干部特别是领导干部的教育和管理，使其明白中央八项规定精神划出的作风红线，自觉摒弃享乐主义思想，充分认识过去一些习惯性做法的违规违纪性质。各级纪检机构要认真履行监督职责，通过严肃问责、提出整改建议推动完善公务差旅管理制度，推动各单位对报销公务差旅费用从严把握、从严监督，并建立科学有效的作风建设长效机制，防范和杜绝以考察、学习、培训、调研等名义变相公款旅游行为发生。广大党员干部要谨慎行事，分清公私界限，自觉抵制无实质内容的外出考察活动，公务外出时不"搭便车"、不擅自改变行程，不违规报销应由个人承担的费用，养成严格遵守财经纪律的良好习惯。

八、违规使用公务用车问题

案例一

吉林扶余市税务局四干部私车公养问题

　　王某某、李某某、吕某某，分别为国家税务总局扶余市税务局下属 A 分局、B 分局、C 分局局长；陈某，该市局下属 D 分局副局长。2016 年 9 月至 2018 年 8 月，上述 4 人分别多次违规使用本单位公务车加油卡给私家车加油，抵顶王某某、陈某用个人现金给单位公务车加油的金额后，王某某、李某某、吕某某、陈某实际使用公务车加油卡分别为私家车加油 3308.33 元、1500 元、7754.2 元、4099.84 元。

　　王某某、李某某、吕某某、陈某受到党内警告处分，并在吉林省税务系统通报。

案例二

青海海北州税务局两干部公车私用、私车公养等问题

任某某，国家税务总局海北藏族自治州税务局某下属分局副局长（主持工作）；樊某某，该分局副局长。2019年1月至9月，任某某在非公务时间内先后多次乘坐公务用车往返住地西宁市和刚察县、门源县；樊某某在非公务时间内先后多次乘坐公务用车往返西宁市和门源县。4月11日，任某某、樊某某同意该局某干部使用公务车加油卡为私家车加油200元。此外，任某某、樊某某还存在其他违纪问题。

任某某受到党内严重警告处分；樊某某受到党内警告处分。

案例三

西藏自治区税务局王某某公车私用问题

王某某，国家税务总局西藏自治区税务局某下属事业单位工作人员。2018年9月20日，王某某驾驶单位公务用车前往自治区党委宣传部办私事。

王某某受到党内警告处分，并在该自治区税务系统通报。

分析点评

违规使用公务用车一直是群众反映强烈的突出问题，被称为"车轮腐败"。税务系统查处的违反中央八项规定精神问题中，违规使用公务用车问题2018年占7.26%，2019年占10.9%，2020年1月至9月占5.88%。

公车改革启动以来，公车管理和使用越来越规范，公车私用现象得到遏制。但值得警惕的是，仍有少数党员干部纪律意识淡漠，对中央八项规定精神和有关规定置若罔闻，"车轮腐败"问题时有发生，必须引起重视、坚决纠治。从近期税务系统查处的问题来看，违规使用公务用车问题主要有以下两种表现形式：一是公车私用问题，如西藏王某某驾驶单位公务用车办私事，青海任某某、樊某某在非公务时间先后多次使用单位公务用车；二是私车公养问题，如吉林四干部违规使用公务车加油卡给私家车加油等。新形势下"车轮腐败"不时冒头，既有少数党员干部侥幸心理作祟，把占公家便宜视为隐形福利，也反映出个别单位对公务车加油卡管理粗放，没有建立公务加油的清晰台账，油卡过多、一卡多车，存在制度缺失和管理漏洞。

《中国共产党纪律处分条例》第一百零七条规定："违反有关规定配备、购买、更换、装饰、使用公务交通工具或者有其他违反公务交通工具管理规定的行为，对直接责任者和领导责任者，情节较重的，给予警告或者严重警告处分；情节严重的，给予撤销党内职务或者留党察看处分。"《党政机关公务用车管理办法》第十六条规定："党政机关应当加强公务用车使用管理，严格按照规定使用公务用车，严禁公车私用、私车公养，不得既领取公务交通补贴又违规使用公务用车。"第二十六条规定："党政机关有下列情形之一的，依纪依法追究相关人员责任：（一）超编制、超标准配备公务用车的；（二）违反规定将公务用车登记在下属单位、企业或者个人名下的；（三）公车私用、私车公养，或者既领取公务交通补贴又违规使用公务用车的；（四）换用、借用、占用下属单位或者其他单位和个人的车辆，或者擅自接受企事业单位和个人赠送车辆的；（五）挪用或者固定给个人使用执法执勤、机要通信等公务用车的；（六）为公务用车增加高档配置或者豪华内饰的；（七）在车辆维修等费用中虚列名目或者夹带其他费用，为非本单位车辆报销运行维护费用的；（八）违规处置公务用车的；（九）有其他违反公务用车配备使用管理规定行为的。"

违规使用公务用车问题，折射出官本位意识和特权思想，群众深恶痛绝，必须有针对性地加以纠正和防范。税务系统各级党组织要巩固深化"不忘初心、牢记使命"主题教育成果，组织开展对公车私用、私车公养问题专项整治，重点治理公务用车、公务车加油卡使用管理混乱及违规使用公务车加油卡为私人车辆加油等问题；要针对存在的问题，深刻剖析原因、查找症结，进一步健全公车使用台账，规范派车、报销等审批程序，完善公务用车使用管理、"一车一卡"加油等规定，堵塞制度漏洞，从源头上防止违规违纪行为发生。各级纪检机构要以"零容忍"态度严肃查处公车私用、私车公养问题，规范问题线索处置，加大执纪审查力度；不仅要对直接责任人给予党政纪处分或组织处理，同时也要严肃追究失职失责党组织和领导干部的责任，并进一步加大通报曝光力度，持续释放重遏制、强高压、长震慑的强烈信号。广大党员干部特别是领导干部要不断强化纪律观念和自律意识，摒弃侥幸心理，严格遵守公务用车有关规定，切莫在"车轮"上栽跟头。

九、超标准配备、使用办公用房问题

河南兰考县税务局赵某某办公用房超标准问题

赵某某，国家税务总局兰考县税务局某下属分局长。在该分局组建时，赵某某和本单位黄某某共用办公室，该办公室房间总面积16.53平方米。2019年6月5日，黄某某调离该分局，赵某某未及时进行办公室人员调整。至上级党委巡察组到该分局延伸巡察时，赵某某仍单独使用该办公室，超过副科级干部使用办公用房的规定面积。

赵某某受到党内警告处分。

分析点评

严格控制领导干部办公用房使用标准是党中央的一贯要

求，是加强党风政风建设的重要切入点。党的十八大以来，税务系统认真落实中央要求，严格控制领导干部办公用房，取得了积极成效。特别是国税地税征管体制改革后，国家税务总局再次提出明确要求，要严格按规定标准配备办公用房，但也要看到，仍有少数党员干部思想认识不到位，纪律规矩意识淡薄，一些地方超标准配备、使用办公用房问题仍时有发生。如河南赵某某对办公用房超标准问题不重视，在同事调离后未及时调整，导致超过规定面积使用办公用房。

《中国共产党纪律处分条例》第一百零九条规定："违反办公用房管理等规定，有下列行为之一，对直接责任者和领导责任者，情节较重的，给予警告或者严重警告处分；情节严重的，给予撤销党内职务处分：（一）决定或者批准兴建、装修办公楼、培训中心等楼堂馆所的；（二）超标准配备、使用办公用房的；（三）用公款包租、占用客房或者其他场所供个人使用的。"2013年中共中央办公厅、国务院办公厅印发的《关于党政机关停止新建楼堂馆所和清理办公用房的通知》明确要求，超过《党政机关办公用房建设标准》规定的面积标准占有、使用办公用房的，应予以腾退。2014年《党政机关办公用房建设标准》（发改投资〔2014〕2674号）规定，县级机关副科级干部办公用房面积上限为12平方米/人。2017年《党政机关办公用房管理办法》第三十五条规定："使用单位有下列情形之一的，依纪依法追究相关人员责任：（一）擅自将办公用房权属登记至本单位或者所属单位名下，或者不配合办理权属登记的；（二）未经批准建设或者大中修办公用房的；（三）不按规定腾退移交办公用房的；（四）未经批准租用、借用办公用房的；（五）擅自改变办公用房使用功能或者处置办公用房的；（六）擅自安排企事业单位、社会组织等使用机关办公用房的；（七）为工作人员超标准配备办公用房，或者未经批准配备两处以上办公用房的；（八）有其他违反办公用房管理规定情形的。"

做好办公用房清理工作，是贯彻落实中央八项规定精神，回应群众呼声，进一步密切党群干群关系、维护党和政府形象的重要举措。税务系统各级党组织要严格执行《税务系统行政单位办公用房管理办法（试行）》，建立办公用房清查盘点、档案管理、领导干部办公用房配备情况备案等制度；将规范办公用房使用管理作为持续纠正"四风"的重要工作内容，持续巩固办公用房清理整治成果。各级纪检机构要加强监督检查和责任追究，及时发现和纠正简单隔断、变通使用、虚假增加人员分摊面积等整改过程中的形式主义问题，制定切实可行的整改措施，防止违规问题反弹回潮。广大党员干部特别是领导干部要克服等待观望、避风头的心理，杜绝"超一点不要紧"等错误思想误区，把自觉规范使用办公用房上升到遵守政治纪律和政治规矩的高度来认识，作为落实中央八项规定精神、改进工作作风的具体要求来落实。

第二篇

违反党的纪律类

编者按

　　加强纪律建设是全面从严治党的治本之策。党的十九大对加强新时代党的建设作出新部署，把纪律建设纳入新时代党的建设总体布局，在党章中充实完善了纪律建设相关内容，用严明的纪律维护制度，增强纪律约束力和制度执行力。税务系统持续不断推进全面从严治党，督促引导干部秉公用权、廉洁从税，但党员干部违纪违法问题仍时有发生。究其原因，既有少数党员心存侥幸、对党的纪律不在乎不敬畏等原因，也有日常管理监督宽松软的问题。本篇选取37个典型问题，用身边人身边事以案释德、以案释纪、以案释法，引导党员干部严守党章党规党纪和宪法法律法规，不断提高党性觉悟，增强纪律规矩意识，筑牢拒腐防变的思想道德防线。

一、违反政治纪律问题

河北、安徽、湖南、新疆税务系统四干部违反疫情防控纪律等问题

孙某，国家税务总局某县税务局科员，该局驻某村扶贫干部。2020年2月4日，孙某在该村村口进行疫情防控值守。下午6时换班后，孙某未严格遵守疫情防控纪律，接受该村村委会副主任赵某某邀请，与另外3人在赵某某家中聚餐并饮酒。孙某受到党内严重警告处分。

刘某，国家税务总局灵璧县税务局某下属分局事业编工作人员。2020年2月9日晚，刘某在该县某小区疫情防控点，酒后无故辱骂、殴打疫情防控值班人员，情节严重，在社会上造成恶劣影响，被公安机关依法行政拘留10日并处500元罚款。此外，刘某还存在其他严重违纪违法问题。刘某受到开除党籍、开除公职处分。

邓某某，国家税务总局某县税务局党委委员、副局长。2020年1月28日至2月1日，邓某某违反当地在疫情防控期间操办婚丧喜庆事宜的时长、就餐等方面的规定，超时长为其母操办丧事，超范围安排非直系亲属就餐。邓某某受到党内警告处分。

阿某，国家税务总局某县税务局信息中心事业编工作人员。2020年1月24日至26日，阿某在全地区疫情防控物资紧张的情况下，伙同他人从外地以每个130元的价格购进电子额温计，按照每个250元至380元不等的价格售出191个，金额共计6.56万元。阿某高价倒卖疫情防控物资，在社会上造成恶劣影响，受到开除公职处分，并被取消预备党员资格。

案例二

陕西省税务局毛某某政治攀附等问题

毛某某，国家税务总局陕西省税务局某处处长。毛某某为谋求个人工作岗位上的调整和职务升迁，对原省委主要领导赵某某大搞政治攀附、人身依附，为赵某某及其亲属谋取利益。2003年至2015年，毛某某以过节、探望、拜年的名义共向赵某某夫妇行贿224.7万元；2008年3月毛某某工作调动至原该省地税局，为此向赵某某夫妇行贿100万元。同时，毛某某利用其与赵某某特定关系和影响，在帮助企业承揽工程及他人职务提拔的过程中，为赵某某夫妇谋取不正当利益，与赵某某夫妇共同受贿2562.02万元（毛某某个人实得862.02万元）。此外，毛某某还存在其他严重违纪问题。其涉嫌犯罪问题及线索移送司法机关依法处理。

毛某某受到开除党籍、开除公职处分。

案例三

福建闽侯县税务局林某对抗组织审查问题

林某，国家税务总局闽侯县税务局某下属分局副局长、四级主办。2019年3月17日至22日，林某擅自更改出国（境）的国家（地区），未经重新审批，利用周末及公休假时间前往新加坡旅游。为隐瞒出境新加坡事实，在该县税务局人事教育股要求其提供出入境查询记录时，林某于5月7日运用电脑软件将有出境新加坡记录的"国家移民管理局出入境记录查询结果（电子文件）"修改为"2019年1月1日至2019年5月7日期间没有出入境记录"，提交至人事教育股。初核期间，在初核组两次谈话以及本人第一次主动交代问题时，林某仍未交代其手工修改出入境记录查询结果的行为。林某通过向组织提供虚假情况，掩盖事实，对抗组织审查。

林某受到党内严重警告处分。

案例四

天津某区税务局李某某信仰宗教等问题

李某某，国家税务总局天津市某区税务局税务所四级主办。2007年5月23日，李某某在河北省赵县柏林禅寺皈依，并领取《在家菩萨戒牒》，此后多次到河北省邢台普明寺、山西省五台山显通寺、普化寺、碧霞寺等寺院参加法会，并捐赠功德金。此外，李某某还存在其他严重违纪违法问题。

李某某受到开除党籍、开除公职处分。

分析点评

习近平总书记强调，政治纪律是最重要、最根本、最关键的纪律，遵守政治纪律是遵守党的全部纪律的基础。党的十九大作出以党的政治建设为统领，全面推进党的各项建设重大战略部署，要求全党要坚定执行党的政治路线，严格遵守政治纪律和政治规矩。2018 年修订《中国共产党纪律处分条例》，进一步明确严明政治纪律和政治规矩有关要求。从近期税务系统查处的问题来看，违反党的政治纪律主要表现在以下四个方面：

一是在重大原则问题上不同党中央保持一致，造成不良后果。新冠肺炎疫情爆发以来，习近平总书记专门就疫情防控工作作出批示，要求各级党委和政府及有关部门把人民群众的生命安全和身体健康放在第一位，采取切实有效措施，坚决遏制疫情蔓延势头。中共中央印发《关于加强党的领导、为打赢疫情防控阻击战提供坚强政治保证的通知》明确指出把打赢疫情防控阻击战作为当前的重大政治任务，要求各级党组织和广大党员干部必须牢记人民利益高于一切，不忘初心、牢记使命，团结带领广大人民群众坚决贯彻落实党中央决策部署，以高度的思想自觉、政治自觉和行动自觉，全力抓好疫情防控工作落实。但税务系统仍有少数党员干部存在政治站位不高、责任意识不强、纪律意识淡薄、自我要求不严等问题。如河北孙某在疫情防控期间违规参与聚餐活动，给疫情防控带来安全隐患；安徽刘某在疫情防控点辱骂、殴打疫情防控值班人员，造成不良影响；湖南邓某某不严格执行当地疫情管控规定，超时超范围操办婚丧喜庆事宜；新疆阿某严重违背党中央、国务院疫情防控决策部署，高价倒卖防疫物资。

二是政治攀附问题。党员领导干部争取组织的信任和提拔本无可厚非，但若是权力观发生异化，谋求职务晋升的方式方法出了问题，不仅可能违反党规党纪，破坏党内政治生态，甚至涉嫌犯罪，受到法律严肃追究。如陕西毛某某为求个人升迁，一心想钻进赵某某的"圈子"，连续13年通过过节、探望、拜年的名义向赵某某夫妇行贿，甚至为了积累攀附资本，大肆敛财，是政治问题和经济问题交织的腐败典型，理应受到党纪国法的严惩。

三是对抗组织审查。《关于新形势下党内政治生活的若干准则》明确规定，党的各级组织和全体党员必须对党忠诚老实、光明磊落，说老实话、办老实事、做老实人，如实向党反映和报告情况。对党忠诚老实，是党章对党员的基本要求，也是党员的基本义务，既要求践行全心全意服务人民的宗旨，也要求其在犯错误受审查时能够对组织坦白交代，对自己的错误认真反省检讨，协助组织及时查清违纪事实，绝不允许有串供、伪造证据、提供虚假情况、掩盖事实等对抗组织审查行为。但税务系统仍有少数党员干部对纪律的严肃性缺乏应有的认识，企图蒙混过关。如福建林某为隐瞒出境事实，变造出入境查询记录结果，且在初核谈话时不予承认说明，构成对抗组织审查行为，应追究其纪律责任。

四是宗教信仰问题。习近平总书记强调，中国共产党是用马克思主义武装起来的政党，马克思主义是中国共产党人理想信念的灵魂。因此，共产党员要做坚定的马克思主义无神论者，严守党章规定，牢记党的宗旨，绝不能在宗教中寻找自己的价值和信念。但税务系统仍有少数党员干部理想信念不坚定，"不信马列信鬼神"。如天津李某某作为共产党员，却背弃马列主义信仰，参加宗教活动。

《中国共产党纪律处分条例》第四十四条规定："在重大原则问题上不同党中央保持一致且有实际言论、行为或者造成不良后果的，给予警告或者严重警告处分；情节较重的，给予撤销党内职务或者留党察看处分；情节严重的，给予开除党籍处分。"第四十九条规定："在党内搞团团伙伙、结党营私、拉帮结派、培植个人势力等非组织活动，或者通过搞利益交换、为自己营造声势等活动捞取政治资本的，给予严重警告或者撤销党内职务处分；导致本地区、本部门、本单位政治生态恶化的，给予留党察看或者开除党籍处分。"第五十六条规定："对抗组织审查，有下列行为之一的，给予警告或者严重警告处分；情节较重的，给予撤销党内职务或者留党察看处分；情节严重的，给予开除党籍处分：（一）串供或者伪造、销毁、转移、隐匿证据的；（二）阻止他人揭发检举、提供证据材料的；（三）包庇同案人员的；（四）向组织提供虚假情况，掩盖事实的；（五）有其他对抗组织审查行为的。"第六十二条规定："对信仰宗教的党员，应当加强思想教育，经党组织帮助教育仍没有转变的，应当劝其退党；劝而不退的，予以除名；参与利用宗教搞煽动活动的，给予开除党籍处分。"

习近平总书记强调，党的政治建设是党的根本性建设，决定党的建设方向和效果。税务系统各级党组织必须牢固树立税务机关首先是政治机关的意识，必须把党的政治建设摆在首位，紧紧围绕党的政治路线，坚决贯彻落实习近平总书记重要指示批示精神和党中央、国务院决策部署，自觉将税收工作融入党和国家事业发展重大战略、重大任务、重大工作中谋划推进。各级纪检机构要强化监督职责，突出政治监督，确保"两个维护"真正落实落细；以钉钉子精神加强对落实党中央重大决策部署的监督检查，特别是贯彻落实统筹推进新冠肺炎疫情防控和经济社会发展工作系列要求等方面的监督检查，确保党中央政令畅通，用严明的政治纪律保证业务工作顺利推进，实现政治监督与推进业务有机统一。广大党员干部要切实增强政治意识和全局观念，把坚定党性和人民立场贯穿于税收改革发展全过程、各方面，在各级党组织领导下有序行动、积极作为，在贯彻落实党中央决策部署、应对重大斗争和突发事件、完成急难险重任务中提高政治能力，以扎扎实实的工作成效诠释忠诚和担当，做到政治合格、执行纪律合格、品德合格、发挥作用合格。

二、违反组织纪律问题

案例一

海南某市税务局李某违反议事规则等问题

李某，国家税务总局某市税务局二级主办。2017年9月6日，时任原该省某县地税局党组书记、局长的李某主持召开党组会。该局纪检组长出差，1名副局长请假，仅有3名党组成员出席，到会人数不符合"党组会应有三分之二以上成员到会"的规定。该次党组会研究决定领导班子成员分工、干部人事调整、重大项目上会金额标准从1万元调整为5万元、责任区绿化工程项目等9个"三重一大"议题。会议决定，党组书记、局长李某主持全面工作，分管办公室（含基建）、监察内审室等部门，违反"主要负责人不直接分管人事、财务和基建工作"等规定；责任区绿化工程项目造价1.8万余元，属于应上会研究项目，但该项目已于2017年8月完工验收，直到 9 月 6 日才上会研究，属于先完工后上会。此外，李某还存在其他违纪问题。

李某受到党内严重警告、行政记大过处分。

案例二

广东广州市税务局胡某某不如实报告个人有关事项问题

胡某某，国家税务总局广州市税务局某下属分局副局长（正处长级）。2019 年 1 月，胡某某在填报《领导干部个人有关事项报告表》时，隐瞒不报本人持有普通护照 1 本，隐瞒不报其配偶出资 27 万元投资 3 家企业的经商办企业情况，漏报个人持有股票市值 0.23 万元和其配偶担任企业监事。

胡某某受到严肃处理。

案例三

江西吉安某县税务局易某某不如实填写廉政档案等问题

易某某，国家税务总局某县税务局党委委员、副局长。易某某从2015年起，以其女儿名义经商办企业并参与企业经营管理。在填报2016年和2019年干部廉政档案、2019年领导干部配偶和子女及其配偶经商办企业自查报告表时，均不如实向组织申报其经商办企业情况。此外，易某某还存在其他违纪问题。

易某某受到党内警告、行政记过处分，并被免去党委委员、副局长职务。

案例四

江苏盐城市税务局倪某某不如实向组织说明情况问题

倪某某，国家税务总局盐城市税务局某下属分局副局长（正科长级）。2015 年 4 月，时任原该市某县国税局党组书记、局长的倪某某，因涉及相关案件被县纪委诫勉谈话。6 月，倪某某被纳入原盐城市国税局下属分局长（副处长级）考察对象。考察中，倪某某未如实向组织报告，考察组未能及时掌握倪某某曾被县纪委诫勉谈话的情况，导致倪某某被"带病提拔"。

倪某某受到党内警告处分，并被终止副处长级职务试用期。

案例五

国家税务总局某司张某伪造个人档案资料问题

张某，2017年8月考入国家税务总局某司，未定职。张某在1998年参加专升本考试时，为了能够符合某音乐学院报考条件，虚构了1997年至1998年在某学校任教师的工作经历（期间实际在读大专）。另外，张某在人事档案中虚构了1998年至2000年在某学校的工作经历（期间实际在读本科），虚构了2000年至2003年在某省文化厅的工作经历（期间实际在某市半工半读）。

张某受到党内严重警告、行政记大过处分。

案例六

原河北某市国税局窦某某选人用人腐败问题

　　窦某某，原河北省某市国税局党组书记、局长。2008 年至 2017 年，先后任原该省 A 市、B 市国税局党组书记、局长的窦某某，通过以借为名、点拨暗示、直接敲打等方式，向下属索要财物，在提拔晋升、评优评先等方面为行贿人提供帮助，受贿人民币 1121.5 万元、美元 1 万，涉及税务人员 100 余人，另收受 7 家企业财物共计 252.3 万元人民币。2017 年 4 月，窦某某被采取刑事强制措施。法院一审判决窦某某犯受贿罪，判处有期徒刑 13 年，剥夺政治权利 3 年，并处罚金人民币 100 万元。

　　窦某某受到开除党籍、开除公职处分。其他涉案人员被依纪依法给予相应处理，有司法结论的 16 人中，7 人被判处有期徒刑，均受到开除党籍、开除公职处分；9 人免于刑事处罚或不予起诉，其中 2 人受到留党察看二年、行政撤职处分，2 人受到留党察看一年、行政撤职处分，4 人受到党内严重警告、行政撤职处分，1 人受到党内严重警告处分并免职。

其他相关人员均受到相应处理。

案例七

原某省国税局饶某违规为亲属取得税务系统干部身份问题

饶某，先后任原 A 省国税局党组书记、局长及原 B 省国税局、B 省税务局巡视员。2002 年 3 月，时任原 A 省国税局副局长的饶某，安排或请托该省某州国税局、人事局相关人员，伪造其妹妹工作简历及公务员身份；2003 年 5 月，该局召开干部调配会议，饶某提出并经会议研究同意将其妹妹以某州人事局副主任科员的身份调入该州某县国税局工作。2002 年 11 月，经 A 省人事厅同意，原 A 省国税局招录 110 名国家公务员，饶某在明知其侄子未履行录用程序且不属于上述 110 名录用人员的情况下，要求原该省国税局人事处相关人员违规为其侄子办理公务员录用手续。此外，饶某还存在其他违纪问题。

饶某受到党内严重警告、行政撤职处分，降为副局级非领导职务。

案例八

大连市税务局刘某某提供虚假证明资料获得评审资格问题

刘某某，国家税务总局大连市税务局某下属事业单位副主任。2019年4月，刘某某提供虚假证明资料，变更了其在市政府采购网评审专家库中的工作单位信息。9月，该市税务局社保费征缴系统信息化改造项目（以下简称项目）向社会公开招标，因提前变更了专家库工作单位信息，刘某某被选为项目评审专家，参与招标评审工作。刘某某身为市税务局在编干部，违反项目评审回避原则，违规参与项目招标评审，导致项目招标作废，造成不良社会影响。

刘某某受到党内警告、行政警告处分。

案例九

福建罗源县税务局苏某弄虚作假骗取住房公积金问题

苏某，国家税务总局罗源县税务局某下属分局四级主办。2018年1月19日，苏某以购房为由向福州市住房公积金中心申请提取了住房公积金5.67万元。苏某提交的不动产登记证明为虚假材料。12月，苏某分三次将骗取的住房公积金全部退还公积金中心。

苏某受到党内警告处分。

案例十

厦门市税务局陈某某违规出国（境）问题

陈某某，国家税务总局厦门市税务局某处二级主任科员。2017年初，时任原该市地税局副主任科员的陈某某，在经批准赴欧洲旅游回国后，未及时上交护照。4月29日至5月11日，陈某某未经审批，擅自出国到美国旅游。

陈某某受到党内警告、行政警告处分。

分析点评

组织纪律是各级党组织和全体党员在组织原则、组织关系、组织观念、组织行为方面必须遵守的规矩，是提高党的领导力、凝聚力和战斗力，维护党的团结统一的重要保证。从近期税务系统查处的问题来看，违反党的组织纪律主要表现在以下六个方面：

一是违反民主集中制原则。党组织讨论决定问题，必须执行少数服从多数的原则。任何党员，不论职务高低，都不能个人或少数人决定重大问题，不允许实行个人专断和把个人凌驾于组织之上。海南李某违反议事规则，规避集体决策，少数人决定"三重一大"事项，其行为构成违反组织纪律，受到严肃处理。

二是不如实报告个人事项。身为党员干部特别是领导干部，在涉及重大问题、重要事项时向组织请示报告，这是最起码的规矩和要求。近年来，领导干部报告个人有关事项制度不断完善，同时抽查核实力度持续加大，并逐步推行领导干部个人有关事项"凡提必核"，但税务系统仍存在少数干部不按规定报告个人有关事项等问题。如广东胡某某作为党员领导干部，在报告个人有关事项时，隐瞒不报本人持有护照及配偶经商办企业情况，漏报个人持有股票市值及配偶从业情况；江西易某某在填写廉政档案时，不如实向组织报告其经商办企业情况；江苏倪某某在接受组织考察时，不如实向组织说明受到诫勉处理的情况，得以"带病提拔"；税务总局张某为符合报考条件，伪造个人档案资料，虚构工作经历；等等。

三是违规选拔任用干部。选人用人是党内政治生活的风向标，用人上的不正之风和腐败现象对政治生活危害最烈，端正用人导向是严肃党内政治生活的治本之策。近年来，税务系统强化党委领导和把关作用，立明规矩、破潜规则，着力解决政治性强、破坏力大的问题。但仍有个别领导干部在干部选拔任用中营私舞弊、任人唯亲、任人唯利、跑官要官、买官卖官，如河北窦某某为他人提拔或调整职务提供帮助，大肆收受贿赂、卖官敛财，造成窝案。

四是违规录用干部。各级党政机关选拔录用干部直接关系到党和国家事业的兴旺发达，必须严格执行公务员考试录用相关法律法规，确保公务员录用的公平公正。作为税务系统领导干部，本应带头遵守法律法规，严格执行干部人事制度政策，然而少数领导干部特权思想严重，违规为亲属取得税务系统干部身份，如某省饶某利用职权或职务上的影响，优亲厚友，采取打招呼、伪造简历等方式为亲属取得税务系统干部身份，造成不良影响。

　　五是弄虚作假，骗取有关利益。干部的职务、职级、职称、待遇、资格评定是十分严肃的工作，关系个人切身利益，一些党员干部受利益驱动，借工作之便或职务影响，弄虚作假，隐瞒、歪曲事实真相，谋取个人利益。如大连刘某某提供虚假证明资料，变更工作单位信息，违规获得信息化项目招标评审资格；福建苏某提供虚假不动产登记证明，骗取住房公积金。这些行为有损政府采购、住房公积金提取使用等相关工作的公平公正，又败坏单位形象，必须引以为戒。

　　六是不严格执行出国（境）相关规定。近年来，为加强党员干部出国（境）管理，中央印发了一系列文件规定，提出了明确要求，但仍有一些党员干部组织纪律观念不强，或以个人私事为借口，不执行管理规定。有的违规办理出国（境）证件，有的回国后未及时上交证件，有的未经组织批准、未履行请假手续就出国（境），有的不严格按照审批日期往返等。如厦门陈某某回国后不按规定上交相关证件，且未经组织批准违规出国（境）。这类行为不是小事，必须予以纠正。

　　《中国共产党纪律处分条例》第七十条规定："违反民主集中制原则，有下列行为之一的，给予警告或者严重警告处分；情节严重的，给予撤销党内职务或者留党察看处分：（一）拒不执行或者擅自改变党组织作出的重大决定的；（二）违反议事规则，个人或者少数人决定重大问题的；

（三）故意规避集体决策，决定重大事项、重要干部任免、重要项目安排和大额资金使用的；（四）借集体决策名义集体违规的。"第七十三条规定："有下列行为之一，情节较重的，给予警告或者严重警告处分：（一）违反个人有关事项报告规定，隐瞒不报的；（二）在组织进行谈话、函询时，不如实向组织说明问题的；（三）不按要求报告或者不如实报告个人去向的；（四）不如实填报个人档案资料的。篡改、伪造个人档案资料的，给予严重警告处分；情节严重的，给予撤销党内职务或者留党察看处分。隐瞒入党前严重错误的，一般应当予以除名；对入党后表现尚好的，给予严重警告、撤销党内职务或者留党察看处分。"第七十六条规定："在干部选拔任用工作中，有任人唯亲、排斥异己、封官许愿、说情干预、跑官要官、突击提拔或者调整干部等违反干部选拔任用规定行为，对直接责任者和领导责任者，情节较轻的，给予警告或者严重警告处分；情节较重的，给予撤销党内职务或者留党察看处分；情节严重的，给予开除党籍处分。用人失察失误造成严重后果的，对直接责任者和领导责任者，依照前款规定处理。"第七十七条规定："在干部、职工的录用、考核、职务晋升、职称评定和征兵、安置复转军人等工作中，隐瞒、歪曲事实真相，或者利用职权或者职务上的影响违反有关规定为本人或者其他人谋取利益的，给予警告或者严重警告处分；情节较重的，给予撤销党内职务或者留党察看处分；情节严重的，给予开除党籍处分。弄虚作假，骗取职务、职级、职称、待遇、资格、学历、学位、荣誉或者其他利益的，依照前款规定处理。"第八十二条规定："违反有关规定办理因私出国（境）证件、前往港澳通行证，或者未经批准出入国（边）境，情节较轻的，给予警告或者严重警告处分；情节较重的，给予撤销党内职务处分；情节严重的，给予留党察看处分。"

我们党是按照马克思主义建党原则建立起来的政党，组织严密是党的光荣传统和独特优势。税务系统各级党组织要自觉担负起执行和维护组织纪律的责任，按照全面从严治党的要求抓班子、带队伍，全面掌握党员干部的思想、工作、生活情况，敢抓敢管；要敢于批评，严格按照纪律和制度规定办事，发现苗头性倾向性问题要及时提醒，坚决纠正无组织无纪律、自由主义、好人主义等现象。各级纪检机构要铁面执纪，加强对组织纪律执行情况的监督检查，确保组织纪律刚性约束；坚守责任担当，敢于动真碰硬，坚决抵制和查处违反组织纪律的行为，对典型问题点名道姓通报曝光。广大党员干部要时刻绷紧组织纪律观念这根弦，时刻牢记自己是组织的一员，把自己置于组织监督之下，坚持组织原则，自觉接受组织纪律约束；要相信组织、依靠组织、服从组织，向组织说实话道实情；积极完成组织交给的各项工作任务，自觉维护党的团结统一。

三、违反廉洁纪律问题

案例一

贵州贵阳某区税务局杨某某扶贫期间违规报销费用问题

杨某某，国家税务总局贵阳市某区税务局纪检组二级主办。2018年3月至2019年7月，杨某某在担任某村驻村第一书记期间，通过虚报交通费、住宿费的方式违规多报销费用2.99万余元。

杨某某受到党内严重警告、行政记大过处分。

案例二

宁夏某市税务局王某某利用职务影响逃避缴纳税款问题

王某某，国家税务总局某市税务局系统党建工作科副科长（正科长级）。2012年至2017年，王某某多次让办税服务厅开票人员为其配偶私家车开具车船税完税凭证，当时不缴纳税款，待其配偶持车船税完税凭证办理车辆保险后，再向开票人员申请作废相应完税凭证，以达到不缴税款目的，逃避缴纳车船税共计1.08万元。2018年9月，王某某补缴税款及缴纳滞纳金、罚款共计2.67万余元。

王某某受到党内严重警告、行政降级处分。

案例三

深圳某区税务局林某某违规变更企业税务登记信息等问题

林某某，国家税务总局深圳市某区税务局税务所派遣员工。2017年12月至2018年8月，林某某违规变更308户企业税务登记基本信息，并收受从事中介业务的某公司法定代表人李某某所送好处费2.76万余元。

林某某受到党内警告处分，并被退回劳务派遣公司。

案例四

上海某区税务局陈某某违规经商办企业问题

陈某某，国家税务总局上海市某区税务局纪检组副组长（副科长级）。2017年5月，陈某某在嘉兴两家教育咨询公司的开业过程中存在实际投资的行为，所投资金为其实际拥有，且通过本人银行卡转账出资共计 97.38 万元，占认缴出资总金额的 27.82%。

陈某某受到党内警告、行政记过处分。

案例五

宁波某市税务局蔡某某违规参与小额贷款公司经营活动问题

蔡某某，国家税务总局某市税务局税务所副所长。2011年至 2019 年，蔡某某违规参与其配偶任总经理的某小额贷款公司营利性活动，包括联系借款人进行债务催收、向该公司介绍员工、与该公司业务经理交流借款企业情况、旁听该公司重要会议并发表意见等。

蔡某某受到党内警告处分。

案例六

宁波市税务局顾某某拥有非上市公司股份问题

顾某某，国家税务总局宁波市税务局某下属分局主任科员。2004 年 11 月至 2009 年 8 月，顾某某代其配偶持有某塑胶公司 25％的股份，后因增资持股比例调整为 35％，并担任该公司董事；2009 年 8 月至 2019 年 7 月持股比例调整为 30％，顾某某担任该公司监事。

顾某某受到党内警告、行政警告处分。

案例七

黑龙江某市税务局韩某指导企业网上申报收受感谢费问题

韩某，国家税务总局某市税务局稽查局一级行政执法员。

2016 年，该市某物业公司没有财务人员，委托韩某帮助纳税申报；2018 年下半年，因该公司新任财务人员不清楚网上申报流程，寻求韩某帮助，韩某予以指导后收受该财务人员给予的 2200 元感谢费。

韩某受到党内警告处分。

案例八

浙江泰顺县税务局陶某某为子女吸收存款提供帮助等问题

陶某某，国家税务总局泰顺县税务局某税务所长（副科长级）。陶某某向其管理服务对象某置业有限公司打招呼，为其在银行工作的儿子吸收存款。2017 年 11 月、2018 年 2 月，该公司分别以"某置业有限公司"和"某商品房预售资金监管专户"名义在该银行开设账户，并将存款业务登记在陶某某儿子名下。此外，陶某某还存在其他违纪问题。

陶某某受到党内警告处分。

案例九

青岛市税务局蒋某某骗取经济适用房参建资格等问题

蒋某某，国家税务总局青岛市税务局某下属分局四级主任科员。2010 年，蒋某某在其前夫原海军干部于某某安排下，租住在青岛某部队公寓内。2011 年，该小区启动拆迁，属于部队干部职工的原住户可以参建部队经济适用房。2011 年 11 月，蒋某某为取得参建资格，参与伪造"青岛市某国家税务局人事教育科"印章，并加盖在于某某帮助取得的《招收职工政审表》《一九八五年海军队列和事业单位职工工资改革审批表》等虚假证明材料上。蒋某某骗取了参建部队经济适用房资格，并于 2011 年 12 月至 2015 年 12 月领取搬迁过渡费共计 10.37 万元。2016 年，蒋某某参建资格被清退；2019 年 3 月，其领取的 10.37 万元搬迁过渡费被部队收缴。

蒋某某受到留党察看一年、行政撤职处分，降为一级科员。

案例十

云南某市税务局石某某挪用公款问题

　　石某某，国家税务总局某市税务局机关党委专职副书记（正科长级）。2019年6月25日至7月5日，因该局工会出纳参加驻村工作，石某某利用暂时代管该局党费工会账户上缴机关党委党费的便利，未经批准，通过银行卡转账、自动柜员机提取现金方式，擅自提取该党费工会账户资金至个人工资账户，共计18笔23.78万元。6月26日，石某某通过自动柜员机转账方式归还5万元，其余资金18.78万元转账至其兄长个人银行账户，供其兄长偿还个人借款。7月21日至22日，石某某将18.78万元资金予以归还，并主动向单位交代问题。

　　石某某受到党内警告、行政记过处分。

分析点评

　　清正廉洁，是融入中国共产党人血脉之中的不变本色，也是中国共产党人代代传承的红色基因。《中国共产党廉洁自律准则》对党员和党员领导干部提出了"四个必须、八条规范"的明确要求。廉洁纪律就是在廉洁方面，为全体党员特别是领导干部划定不可触碰的底线，要求党的组织和党员特别是党员领导干部必须廉洁奉公，不以权谋私，不损公肥私，不与民争利，不搞腐败行为。从近期税务系统查处的问题来看，违反党的廉洁纪律主要表现在以下六个方面：

一是违规报销费用。公款姓公，一分一厘都不能乱花；公权为民，一丝一毫都不能私用。党员领导干部必须时刻清楚这一点，做到公私分明、克己奉公。而贵州杨某某却在驻村扶贫工作期间，多次通过虚报交通费、住宿费等方式，违规多报销费用数万元。

二是滥用职权谋求私利。《中国共产党纪律处分条例》规定，党员干部必须正确行使人民赋予的权力，清正廉洁，反对任何滥用职权、谋求私利的行为。这既是落实党章要求，也是倡导广大党员加强道德修养，带头弘扬社会主义核心价值观，向廉洁自律的高标准看齐。但税务系统仍有少数党员干部对此不以为然，我行我素，突破底线。如宁夏王某某不能正确对待公私关系，利用职务影响逃避缴纳车船税，谋取不正当利益；深圳林某某违规变更企业税务登记基本信息，并收受中介好处费，均受到严肃处理。

三是违反有关规定从事营利活动。《中国共产党纪律处分条例》《中华人民共和国公职人员政务处分法》等党纪法规对公职人员从事营利活动均有明确禁止性要求。但税务系统少数党员干部依然置党纪国法于不顾，不讲规矩、不守纪律。如上海陈某某违规投资入股，与他人合资经商办企业；宁波蔡某某违规参与小额贷款公司经营管理活动；宁波顾某某长期持有非上市公司股份，并在该公司任职；黑龙江韩某为企业办理纳税申报并获取感谢费。

四是为亲属和其他特定关系人吸收存款提供帮助。中央纪委全会强调，要紧盯重点领域和关键环节，着力解决在金融信贷、工程招投标以及公共财政支出等方面的腐败问题，不断增强震慑遏制作用。《关于新形势下党内政治生活的若干准则》明确要求领导干部禁止利用职权或影响力为家属亲友谋求特殊照顾。但税务系统个别党员干部权力观异化，利用手中的权力为自己和配偶子女谋取私利。如浙江陶某某，为提高儿子在银行的工作业绩，借助管理服务对象的"资源"吸收存款，构成违反党的廉洁纪律行为。

五是在分配、购买住房中侵犯国家、集体利益。建设"经济适用房""廉租房"等保障性住房是党和政府为解决困难人群的住房问题而出台的带有福利性质的惠民措施，但个别党员干部弄虚作假，通过打房改时间差、利用工作调动或职务提拔之机隐瞒房改房、采取假离婚取得分房资格等手段，导致不符合条件却享受这些优惠政策的违规现象出现。如青岛蒋某某在获得经济适用房参建资格过程中弄虚作假，不仅损害国家、集体利益，还严重影响税务机关形象。

六是其他违反廉洁纪律规定行为。如云南石某某利用工作上的便利，擅自挪用公款给亲属使用，构成违纪。

　　《中国共产党纪律处分条例》第九十四条规定："违反有关规定从事营利活动，有下列行为之一，情节较轻的，给予警告或者严重警告处分；情节较重的，给予撤销党内职务或者留党察看处分；情节严重的，给予开除党籍处分：（一）经商办企业的；（二）拥有非上市公司（企业）的股份或者证券的；（三）买卖股票或者进行其他证券投资的；（四）从事有偿中介活动的；（五）在国（境）外注册公司或者投资入股的；（六）有其他违反有关规定从事营利活动的。……违反有关规定在经济组织、社会组织等单位中兼职，或者经批准兼职但获取薪酬、奖金、津贴等额外利益的，依照第一款规定处理。"第九十五条规定："利用职权或者职务上的影响，为配偶、子女及其配偶等亲属和其他特定关系人在审批监管、资源开发、金融信贷、大宗采购、土地使用权出让、房地产开发、工程招投标以及公共财政支出等方面谋取利益，情节较轻的，给予警告或者严重警告处分；情节较重的，给予撤销党内职务或者留党察看处分；情节严重的，给予开除党籍处分。利用职权或者职务上的影响，为配偶、子女及其配偶等亲属和其他特定关系人吸收存款、推销金融产品等提供帮助谋取利益的，依照前款规定处理。"第一百条规定："在分配、购买住房中侵犯国家、集体利益，情节较轻的，给予警告或者严重警告处分；情节较重的，给予撤销党内职务或者留党察看处分；情节严重的，给予开除党籍处分。"第一百零一条规定："利用职权或者职务上的影响，侵占非本人经管的公私财物，或者以象征性地支付钱款等方式侵占公私财物，或者无偿、象征性地支付报酬接受服务、使用劳务，情节较轻的，给予警告或者严重警告处分；情节较重的，给予撤销党内职务或者留党察看处分；情节严重的，给予开除党籍处分。利用职权或者职务上的影响，将本人、配偶、子女及其配偶等亲属应当由个人支付的费用，由下属单位、其他单位或者他人支付、报销的，依照前款规定处理。"

为政清廉才能取信于民，秉公用权才能赢得人心。税务系统各级党组织要规范权力运行，突出强化权力制约，严格限制自由裁量权，压减权力设租寻租空间，推动形成成熟完备的制度体系、严格有效的监督制约机制。各级纪检机构要坚持问题导向，对违规从事营利活动、违规报销、违规兼职取酬、违规为亲属或其他特定关系人谋取利益等问题，加大惩治力度，让各级党组织和党员干部认识到不敬畏、不在乎、顶风违纪必定付出惨痛代价的严重后果。广大党员干部特别是领导干部应当惕厉警醒，夯实不忘初心、牢记使命的思想根基，坚持秉公用权、廉洁用权、依法用权，积极营造清清爽爽的党内同志关系、规规矩矩的上下级关系、干干净净的税企关系，永葆共产党人拒腐蚀、永不沾的政治本色；同时注重家风建设，引导亲属子女力戒特权思想，不行不义之举，不谋不义之财。

四、违反群众纪律问题

湖南长沙某区税务局肖某办理群众涉税事项吃拿卡要问题

肖某，国家税务总局长沙市某区税务局下属分局科员。2019年11月，肖某在办理某公司涉税业务过程中，主动提出与该公司法定代表人舒某在某餐饮店见面并在该店预定包厢。到店后，肖某向舒某推荐该餐饮店5000元充值套餐。在舒某委婉表示不愿充值后，肖某仍坚持推荐，并要求充值在自己名下。随后舒某将5000元现金充入肖某储值卡。用餐期间，肖某收受舒某赠送的1000元现金。肖某在当地开展警示教育和"以案促改"专项工作期间顶风违纪，造成不良影响。

肖某受到留党察看一年、行政撤职处分。

案例二

云南昆明某区税务局李某某办理涉税事项 刁难群众问题

李某某，国家税务总局昆明市某区税务局下属分局主任科员。2019年5月6日，李某某在为纳税人办理注销业务过程中有意刁难，主动索取香烟12包，价值360元。5月7日，李某某应纳税人要求通过微信方式退还了香烟款。5月8日，纳税人通过短信、微信要求李某某精神赔偿，李某某随后致电纳税人，声称要对已注销公司重新恢复正常、进行税款清算处罚，以无依据的理由威胁纳税人。

李某某受到党内警告处分。

案例三

湖北广水市税务局李某某办理群众涉税事项推诿拖延等问题

　　李某某，国家税务总局广水市税务局某下属分局科员。2017年底，某装饰经营部在多次催报催缴未果的情况下，被认定为非正常户。2017年底至2019年6月，该经营部负责人孙某某多次联系李某某，要求办理非正常户解除和税务登记注销手续，李某某均推脱未予办理，期间双方曾多次发生争吵。李某某对辖区纳税人反映的涉税诉求，不及时了解情况、主动解决，反而推诿拖延、不作为。此外，李某某还存在其他违纪问题。

　　李某某受到党内警告、行政警告处分。

分析点评

　　群众纪律是规范党组织、党员与群众关系的基本原则和具体要求，是党组织和党员在贯彻执行党的群众路线和处理党群关系过程中必须遵循的行为规则，是党的性质和宗旨的体现，是密切党与群众血肉联系的重要保障，党员干部必须严格遵守并坚决执行。税收与民生息息相关、密不可分，税务机关联系人民群众多、服务人民群众广，更应该始终保持真挚的为民情怀，认真践行群众路线，把为人民服务的宗旨体现在全心全意办好税、服好务上。然而现实中，仍有个别单位和个人存在背弃宗旨观念、侵害群众利益的问题，败坏党在人民群众中的形象，必须严肃查处、坚决制止。从近期税务系统查处的问题来看，违反党的群众纪律主要表现在以下三个方面：

一是以税谋私、吃拿卡要。党员干部手中的权力，本应为人民谋福祉，但却被个别人异化成压榨群众利益的工具，群众对此颇有怨言，长此以往侵害的是党的执政根基。如湖南肖某顶风违纪，在办理涉税业务过程中，主动提出与纳税人在餐饮店见面，违规接受宴请、收受礼金，并一再要求纳税人为其储值账户充值，这是典型的吃拿卡要问题。

二是刁难群众、任性执法。相对于"远在天边"的"老虎"，群众对近在眼前嗡嗡乱飞的"蝇贪"感受更为真切，反感更为强烈。如云南李某某在办理企业注销业务时，本应按规定马上办，却故意从中设阻、拖着不办，有意刁难群众、索要好处，又滥用职权、以无依据的理由威胁纳税人。如此"蝇贪"看似微不足道，实则影响恶劣，群众深恶痛绝。

三是庸懒散拖、冷硬横推。有的党员干部漠视群众利益，忽视群众诉求，对群众关切的事、着急的事不上心、不在乎，不以群众高不高兴、答不答应、满不满意为衡量工作的标准，作风散漫、工作拖沓，庸懒无为、效率低下。如湖北李某某对群众的涉税诉求推诿拖延，不作为、慢作为。

《中国共产党纪律处分条例》第一百一十二条规定："有下列行为之一，对直接责任者和领导责任者，情节较轻的，给予警告或者严重警告处分；情节较重的，给予撤销党内职务或者留党察看处分；情节严重的，给予开除党籍处分：（一）超标准、超范围向群众筹资筹劳、摊派费用，加重群众负担的；（二）违反有关规定扣留、收缴群众款物或者处罚群众的；（三）克扣群众财物，或者违反有关规定拖欠群众钱款的；（四）在管理、服务活动中违反有关规定收取费用的；（五）在办理涉及群众事务时刁难群众、吃拿卡要的；（六）有其他侵害群众利益行为的。在扶贫领域有上述行为的，从重或者加重处分。"第一百一十六条规定："有下列行为之一，对直接责任者和领导责任者，情节较重的，给予警告或者严重警告处分；情节严重的，给予撤销党内职务或者留党察看处分：（一）对涉及群众生产、生活等切身利益的问题依照政策或者有关规定能解决而不及时解决，庸懒无为、效率低下，造成不良影响的；（二）对符合政策的群众诉求消极应付、推诿扯皮，损害党群、干群关系的；（三）对待群众态度恶劣、简单粗暴，造成不良影响的；（四）弄虚作假，欺上瞒下，损害群众利益的；（五）有其他不作为、乱作为等损害群众利益行为的。"

习近平总书记强调："要牢记群众是真正的英雄，任何时候都不能忘记为了谁、依靠谁、我是谁，真正同人民结合起来。"与人民群众紧密地联系在一起，是党的优良作风之一。党员干部只有始终不忘"为了谁"，时刻保持头脑清醒，真心实意为群众谋利益，才能作出正确决策，带领群众攻坚克难，才能赢得群众的最大支持和拥护，迸发出巨大的力量，进一步厚植党的执政根基。

税务系统各级党组织要层层落实主体责任，加强体制机制创新和制度保障，强化权力运行的公开透明，从源头上铲除基层滋生腐败的土壤；科学合理配置权力，避免重要领域和关键岗位的权力被少数人集中行使；充分发挥纪检监督、巡视巡察监督、审计监督和群众监督等多方面作用，切实解决权力监督缺位问题。各级纪检机构要聚焦落实减税降费等税收政策不及时不到位、收"过头税费"、人情税、关系税，对纳税人缴费人诉求庸懒散拖、冷硬横推、推诿扯皮，以及随意执法、选择执法、情绪执法等问题，持续整治吃拿卡要等微腐败行为，加大督察督办、直查直办力度，对典型问题通报曝光，让纳税人缴费人感受到正风肃纪反腐就在身边，不断增强获得感。广大党员干部要坚守初心使命，厚植为民服务、为民奉献的价值理念，切实把人民赋予的权力用到为人民解决涉及切身利益的突出问题上来。

五、违反工作纪律问题

海南某市税务局陈某某扶贫工作作风不实问题

陈某某，国家税务总局某市税务局信息中心事业编工作人员。自2019年10月起，陈某某担任某村2户贫困户的帮扶责任人。12月17日，省脱贫攻坚战第二督查指导组在检查该村脱贫攻坚工作时，发现陈某某存在对帮扶户情况掌握不够，线上海南扶贫APP与线下扶贫手册记录部分内容不一致和不及时更新录入帮扶户线上信息等问题。陈某某不认真履行帮扶责任人职责，对脱贫攻坚工作造成不良影响。

陈某某受到党内严重警告、警告处分。

案例二

山西泽州县税务局马某某违规办理企业涉税事项问题

　　马某某，国家税务总局泽州县税务局某税务所副所长、四级主办。2018年12月18日，马某某在明知某煤炭销售公司接受异常凭证进项税额未全部转出的情况下，违规发起解除停供发票措施。12月25日，马某某在对该公司的纳税情况进行注销检查过程中，明知纳税人存在税收违法行为，却出具未发现税收违法问题的注销检查结论。在接到上级通知该公司存在重大税收风险的情况下，马某某未采取措施阻止该公司注销税务登记。

　　马某某受到党内严重警告、行政记大过处分，并被免去副所长职务、调离执法岗位。

案例三

内蒙古锡林郭勒某区税务局杨某某未按规定进行税源管理问题

　　杨某某，国家税务总局锡林郭勒某区税务局征收管理股长。2016年，时任原该区国税局税源管理股长、税收管理员的杨某某，对某煤炭销售公司等7户"一案双查"涉案企业疏于管理，未按规定对企业进行实地调查，未按规定办理增值税专用发票的领购和增版增量业务，未按规定对风险企业进行重点监控，未及时有效地进行风险应对，致使7户涉案企业大量开具和使用增值税专用发票实施税收违法行为未及时受到查处。

　　杨某某受到党内警告、行政记过处分。

案例四

江西上饶某区税务局周某某盗用他人账号违规操作问题

　　周某某，国家税务总局上饶市某区税务局收入核算股长。2019 年 4 月，周某某多次盗用他人系统账号和密码，违规调增 3 户非成品油生产企业增值税专用发票数量，违规标识成品油生产企业。相关企业涉嫌暴力虚开增值税专用发票金额 9999 万余元，涉及增值税税额 1299 万余元，涉及消费税税款金额巨大。因当地税务机关及时采取有效措施阻断下游企业虚抵税款，未造成税款损失。

　　周某某受到党内严重警告、行政记大过处分，并被免去股长职务。

案例五

重庆某县税务局两干部出口税收函调复函核查不到位等问题

肖某，国家税务总局某县税务局办公室工作人员；兰某某，该县税务局税务所工作人员。2014年6月，时任原该县国税局税务所主要负责人的肖某，在对某针织品公司进行纳税评估时发现产量、能耗异常，但未按规定程序书面移交稽查部门。2015年，肖某、兰某某在收到出口货物税收协查函后，对2户针织品公司开具的62份涉及税额87.7万元的增值税专用发票业务真实性进行核查过程中，未对成衣生产必要的洗水工序和实际能耗进行深入核查，导致虚开增值税专用发票行为未被及时发现查处。

肖某、兰某某受到党内警告处分。

案例六

四川广安某县税务局刘某某违规出具完税情况证明问题

刘某某，国家税务总局某县税务局机关党委副书记。2016年9月，时任原该县地税局税务所长的刘某某，在未向局领导报告、也未仔细审核和严格把关的情况下，擅自为某药业公司出具错误入库完税情况证明，将该公司2016年度实际入库的企业所得税2670万余元认定为2015年度的实际入库企业所得税，导致该县财政局据此证明给该公司多核算拨付奖励资金237万余元。

刘某某受到党内警告处分。

案例七

广西某市税务局韦某某违规出具廉政审核意见等问题

　　韦某某，国家税务总局某市税务局党委委员、副局长。2018年7月至12月，因该局纪检组长到自治区纪委监委跟班学习，韦某某代管该局纪检组工作。

　　2018年9月22日，韦某某同意对某问题线索开展初核，并担任初核组长。在初核过程中，韦某某作为核查组谈话人，发现该局干部段某某涉嫌接受管理服务对象宴请等问题（后经查实）。11月21日，韦某某未实事求是评价段某某廉洁情况，同意该局纪检组在段某某任职试用期满转正考核的《廉政意见回复表》出具"到目前为止，没有接到针对该同志本人的投诉、举报和信访"的廉政意见。12月6日，该局党委召开会议讨论段某某等人任职试用期满转正议题。在段某某涉嫌违纪问题没有查清、疑点没有排除的情况下，韦某某不如实报告有关情况，导致该局党委会议研究同意段某某试用期满予以正式任用。

　　韦某某受到党内严重警告处分。

📚 **分析点评**

工作纪律是党组织和党员在党的各项具体工作中必须遵循的行为规则，是党组织和党员依规开展各项工作的重要保证。国税地税征管体制改革以后，税收业务范围更广，执法权力更大，一定程度上增加了税收执法和廉政风险，容易出现征管工作不到位、政策解答和落实有偏差等情况，导致失职渎职等问题的发生。从近期税务系统查处的问题来看，违反党的工作纪律主要表现在以下两个方面：

一是工作中不负责任或者疏于管理，贯彻执行上级决策部署不力。如山西马某某，违规解除收缴停供发票措施，未按规定进行注销检查处理，致使纳税人违规注销税务登记；内蒙古杨某某对管辖企业疏于管理，税源管理不到位，致使7户涉案企业大量开具和使用增值税专用发票实施税收违法行为未及时受到查处；重庆肖某、兰某某在收到出口货物税收协查函后，未进行深入核查，导致2户企业虚开增值税专用发票税额87.7万元未得到及时处理。

二是不正确履行职责，造成损失或者不良影响。如海南陈某某在扶贫工作中作风不实，不正确履行帮扶责任人职责；江西周某某盗用他人账号，违规标识成品油生产企业并调增发票数量，导致相关企业涉嫌暴力虚开增值税专用发票；四川刘某某未仔细审核和严格把关，出具错误入库完税情况证明，导致企业多获得财政奖励资金；广西韦某某代管纪检工作期间，不如实报告拟任人选廉政情况，导致相关人员试用期满得以"带病"转正。

《中国共产党纪律处分条例》第一百二十一条规定："工作中不负责任或者疏于管理，贯彻执行、检查督促落实上级决策部署不力，给党、国家和人民利益以及公共财产造成较大损失的，对直接责任者和领导责任者，给予警告或者严重警告处分；造成重大损失的，给予撤销党内职务、留党察看或者开除党籍处分。"第一百二十八条规定："泄露、扩散或者打探、窃取党组织关于干部选拔任用、纪律审查、巡视巡察等尚未公开事项或者其他应当保密的内容的，给予警告或者严重警告处分；情节较重的，给予撤销党内职务或者留党察看处分；情节严重的，给予开除党籍处分。"第一百三十三条规定："在党的纪律检查、组织、宣传、统一战线工作以及机关工作等其他工作中，不履行或者不正确履行职责，造成损失或者不良影响的，应当视具体情节给予警告直至开除党籍处分。"

工作纪律事关党的事业兴衰成败，事关人民群众根本利益。新冠肺炎疫情发生以来，全国税务系统紧紧围绕"四力"要求，统筹推进新冠肺炎疫情常态化防控和经济社会发展相关工作。税务系统各级党组织要统筹好落实减税降费政策和依法组织税费收入的关系，持续深入助力复工复产，服务"六稳""六保"；深入分析税收执法权和行政管理权运行的特点和规律，全面梳理权力配置、运行情况，认真排查执法风险，发挥各级业务监督部门的作用，实现"风险更明、分析更准、防控更实、机制更优、效率更高"的目标。各级纪检机构要多措并举、上下联动、同向发力，打好减税降费监督的"组合拳"，主动发现并严肃查处在减税降费工作中各类违纪违法问题，推动以案促改、形成震慑；注重分析引发案件的制度缺陷和监管漏洞，明确整改的对策措施，督促推动各级党组织补齐在全面从严治党方面存在的短板、弱项，着力做好查办案件"后半篇文章"。广大党员干部要创新工作思路和工作方式，准确把握税收执法的时度效，提高工作的精准性和精细度，防止粗放式管理和执法，不能用老办法解决新问题；牢记职责使命，强化自我管理，严格遵守党的工作纪律，遵守各项岗位规则，做到讲实话、干实事，敢作为、勇担当。

六、违反生活纪律问题

案例一

上海某区税务局叶某与他人发生不正当关系等问题

　　叶某，国家税务总局上海市某区税务局税务所党支部书记、所长。2018年12月至2019年6月，叶某在婚姻存续期间，与他人发生不正当关系。此外，叶某还存在其他违纪问题。

　　叶某受到撤销党内职务、行政撤职处分，降为四级主办。

案例二

陕西榆林某区税务局黄某在直播平台发表不当言论问题

　　黄某，国家税务总局榆林市某区税务局下属分局事业编工作人员。2019年5月，黄某在某直播平台公众场合使用不文明语言侮辱、辱骂某文化公司及其员工，给他人名誉造成严重损害。公安机关对其作出行政拘留10日的处罚。

　　黄某受到党内警告、警告处分。

案例三

山西临猗县税务局两干部公共场所打架问题

　　郭某甲，国家税务总局临猗县税务局某下属分局副科级干部；郭某乙，该分局科员。2016年12月26日上午，时任原该县地税局税务所长的郭某甲，与时任该所副所长的郭某乙，工作期间在机关办公楼二楼楼道内互殴，给单位造成不良影响。

郭某甲、郭某乙受到党内警告处分，并被批评教育、责令作出书面检查。

分析点评

生活纪律是党员在日常生活和社会交往中应当遵守的行为规则，涉及个人品德、家庭美德、社会公德等各个方面，直接关系党的形象。党员不仅在生产、工作和学习上，在社会生活和家庭生活方面也应起到先锋模范作用。这就要求每一名共产党员在生活中必须坚决反对享乐主义和奢靡之风，坚决反对一切庸俗的、腐朽的和违背理想信念宗旨的思想和行为，自觉弘扬家庭美德，维护社会公序良俗。从近期税务系统查处的问题来看，违反党的生活纪律主要表现在以下三个方面：

一是生活奢靡、贪图享乐、追求低级趣味。党员干部要不断加强党性修养，锤炼高尚品德，培养健康爱好，塑造好自身形象，绝不能情趣低俗、玩物丧志。但是，个别党员干部在日常生活中讲排场、比阔气，行为庸俗，在社会上造成了不良影响，违反了党的生活纪律，党组织不能不管不问。

二是与他人发生不正当关系。党的先进性要求党员在日常生活和社会交往中以身作则，严以修身、严以律己，但有的党员干部思想意志滑坡，视生活作风问题为"小节""私事"，放松自我要求，放纵自己的操守和行为。如上海叶某，在婚姻存续期间与他人发生不正当关系，给自身、家庭和单位造成不良影响。

三是违背社会公序良俗，在公共场所行为不当。党员的生活要在党规党纪允许的范围内进行，绝不能因个人好恶而为。然而在现实生活中，少数党员干部违反社会公德，在公共场所无视公共秩序，作出不当行为。如陕西黄某在直播平台发表低俗言论，侮辱、辱骂他人，给他人名誉造成损害；山西两干部工作期间在机关办公楼内互殴，性质恶劣。

《中国共产党纪律处分条例》第一百三十四条规定："生活奢靡、贪图享乐、追求低级趣味，造成不良影响的，给予警告或者严重警告处分；情节严重的，给予撤销党内职务处分。"第一百三十五条规定："与他人发生不正当性关系，造成不良影响的，给予警告或者严重警告处分；情节较重的，给予撤销党内职务或者留党察看处分；情节严重的，给予开除党籍处分。"第一百三十七条规定："违背社会公序良俗，在公共场所有不当行为，造成不良影响的，给予警告或者严重警告处分；情节较重的，给予撤销党内职务或者留党察看处分；情节严重的，给予开除党籍处分。"

厚德才能载物。党员干部的生活作风、生活情趣等生活道德，不仅关系着个人的品行，而且关系到党在群众中的威信和形象，绝不是小事。如果党员干部生活作风上不检点、不正派，在道德情操上打开了缺口、出现了滑坡，那就很难做到清正廉洁。税务系统各级党组织要经常性开展谈心谈话，关心党员干部思想和生活动态，深入了解掌握党员干部"八小时以外"的生活和交往情况，针对性开展纪律教育，引导党员干部在生活方式、情趣爱好等看似"私人化"的方面，自觉抵制低级趣味和歪风邪气的侵蚀，永葆共产党人的政治本色。各级纪检机构要以党纪条规约束党员干部"八小时以外"的行为，实现全覆盖，不留盲区和死角；充分发挥舆论监督和群众监督作用，及时发现苗头性和倾向性问题，尽早教育提醒，做到防微杜渐；引导党员干部家属积极参与家风建设，共同营造风清气正的工作生活氛围。广大党员干部要加强党性修养，涵养政治定力，坚守精神追求，提升道德境界，崇尚节俭美德，抵制歪风邪气，远离低级趣味，培养健康向上生活情趣；要注重家风建设，把家风建设作为砥砺品行、干事创业的"必修课"，时时处处为之，既管住自己，又管好家人，不断培育良好家风，带动党风政风，引领社会风气。

第三篇

▼

问　责　类

编者按

　　十九届中央纪委四次全会强调，坚持严字当头、权责统一，实施规范问责、精准问责，增强问责的严肃性和公信力。近年来，税务系统各级党组织积极落实管党治党政治责任，不断规范和加强问责工作，党内问责工作取得明显成效。从问责情况看，少数党组织和领导干部管党治党责任意识不强、责任落实不到位，全面从严治党主体责任、监督责任虚化、弱化、空转等现象仍不同程度存在，不担当、不作为问题在一定范围还比较突出。本篇选取8个典型问题，警示教育税务系统各级党组织和领导干部要以案为鉴，紧紧咬住"责任"二字，切实担负起管党治党政治责任，躬耕不辍种好一岗双责"责任田"，确保责任层层落实到位。各级纪检机构要紧盯"关键少数"、关键岗位，围绕权力运行各个环节，完善发现问题、纠正偏差、精准问责有效机制，督促各类问责主体齐抓共管，建立健全知责明责、履责尽责、考责问责制度体系。

河北某市及下属某县税务局因违规征税问题被问责

李某甲，国家税务总局某市税务局党委书记、局长；王某甲，该市局党委委员、纪检组长；耿某某，国家税务总局某县税务局党委书记、局长；胡某某、王某乙，该县局党委委员、副局长；李某乙，该县局党委委员、纪检组长；吴某某，该县局收入核算股长；张某某、李某，该县局风险管理股长、副股长；李某丙、王某丙，该县局下属分局长、副局长；王某，该分局科员。

2020年5月，在县政府协调下，该县税务局会同县政府相关职能部门集中清缴城镇土地使用税、耕地占用税，并对部分企业陈欠多年的增值税和房产税进行清缴。截至6月19日，共催缴城镇土地使用税及滞纳金144.13万元、耕地占用税及滞纳金1077.06万元。

此外，该县税务局下属分局违规将县政府制定的二季度6422万元税收任务逐户分解到260户企业，并编制《企业税收任务分解表》。6月，该分局副局长王某丙通过电话、微信方式违规通知所辖 16 户企业按照分解的税收任务缴纳税款，给企业造成较大压力。

5 月 23 日，为冲高二季度当期税收，该分局长李某丙擅自决定先不让企业抵扣 5 月进项税额，分局工作人员王某在所辖企业微信群中明确通知"企业申报 5 月份增值税时不要抵扣进项税"，致使部分企业在已经取得进项抵扣发票的情况下，缴纳 5 月增值税时未申报抵扣进项税额。6 月 1 日至 20 日，该分局有 59 户企业未抵扣税款共计 649.5 万元。其中，应抵扣未抵扣税款 394.2 万元，其余 255.3 万元按照《中华人民共和国增值税暂行条例》有关规定，不应抵扣或不能抵扣。

5 月 13 日，该县委、县政府印发相关文件，将税收任务完成情况与经费等挂钩，并对各乡镇、税务部门收入计划完成情况实行月通报、月排名、季考核制度。该县税务局党委未将上述情况向上级税务局党委报告、请示；没有将县局违规征税相关情况向上级税务局党委报告、请示；也没有将上级税务机关关于严禁征收"过头税"、落实减税降费政策、帮助企业纾困解难等要求，及时向当地党委政府报告。

该县税务局党委政治站位不高、政治意识不强，重大事项不请示不报告，违反《财政部　税务总局关于坚持落实减税降费政策帮扶企业渡过难关的通知》（财税〔2020〕27 号）以及《国家税务总局关于进一步落实落细税费优惠政策　坚决防止违规征税收费的通知》（税总发〔2020〕24 号）规定不得开展大规模集中清欠等要求，组织集中清缴欠税、向企业分解税收任务、征收"过头税"，导致党中央政令不畅，被国务院办公厅督查室通报，造成恶劣影响。

该市税务局党委学习贯彻落实上级决策部署不到位，推动指导工作不深不细，没有切实履行好落实税费优惠政策、贯彻依法组织收入原则的重要职责；该局党委纪检组没有认真研究部署并开展减税降费专项监督工作，没有及时发现并督促纠正该县局党委在减税降费和组织收入工作中的违规问题。

该市税务局党委书记、局长李某甲负有主要领导责任，该市局党委委员、纪检组长王某甲负有监督责任。该县税务局党委委员、局长耿某某负有主要领导责任和直接责任，该县局党委委员、副局长胡某某、王某乙负有主要领导责任，该县局党委委员、纪检组长李某乙负有监督责任。该县局下属分局长李某丙、王某丙负有主要领导责任和直接责任。

该市局党委、纪检组被责令作出深刻检查；该县局党委被责令作出深刻检查，并召开专题民主生活会，进行深刻反思。李某甲受到诚勉处理；王某甲被责令作出书面检查；耿某某受到党内严重警告处分，并被免去相关职务；胡某某受到党内严重警告处分；李某丙、王某丙受到党内警告处分，并调离该分局；王某乙、李某乙、吴某某受到诚勉处理；张某某、李某、王某被责令作出书面检查。上述问题在河北省税务系统通报。

案例二

山东滨州、甘肃兰州两县税务局因违规提前征收税款被问责

樊某某，国家税务总局某县税务局党委书记、局长；李某，该局党委委员、副局长；韩某某，该局下属分局长。2019年6月，该县财政局、某高新区管委会协调某生物有限公司预缴增值税及附加税费。樊某某通过电话形式联系该公司，要求企业提前缴纳税款，并安排韩某某组织人员办理税款入库手续。6月22日，韩某某与办税服务厅负责同志一起办理了该企业的税款入库手续，违规让企业预缴税款，共入库该企业所属期为6月1日至6月30日的增值税税款900万元。李某作为该县局分管领导，未能采取有效措施制止，事后未及时向上级机关报告。对此，滨州市税务局党委责令该局党委作出书面检查，并在全市税务系统通报；樊某某受到谈话诫勉，并调离局长岗位；李某受到批评教育；韩某某受到谈话诫勉。上述问题在山东省税务系统、全国税务系统通报。

钟某，国家税务总局某县税务局党委书记、局长；王某某、华某某，该局党委委员、副局长；苗某某，该局下属分

局长。2019年3月，该局在征期未到的情况下，提前征收辖区34户企业房产税、城镇土地使用税共计1970.73万元。其中，苗某某所在分局在已知所辖4户企业属于提前申报缴纳税款的情况下，依然受理审核企业申报资料，涉及房产税、城镇土地使用税共计430.22万元；其余30户企业直接通过网上申报或到办税服务厅自行申报，缴纳房产税、城镇土地使用税共计1540.51万元。该局党委对组织收入工作监管不到位，对提前征收税款问题负有全面领导责任，被责令作出书面检查；钟某受到行政警告处分；王某某、华某某受到通报批评；苗某某受到行政警告处分。其他相关直接责任人受到相应处理。上述问题在甘肃省税务系统通报。

案例三

湖北、四川税务系统两单位因违反疫情防控工作纪律被问责

赵某某，国家税务总局某县税务局党委书记、局长；周某某，该局办公室主任；郑某某，该局办公室副主任。郑某某在全省启动重大突发公共卫生事件一级响应，上级出台"不串门、不聚会、不聚餐"等疫情防控硬性规定后，对家庭成

员组织、参与聚餐不仅不制止，还于2020年1月24日至2月8日单独或与家人一起5次参与聚餐（参与聚餐人员中有武汉返乡人员）。2月11日，郑某某及其他3名参与聚会人员确诊感染新冠肺炎，参与聚餐的人员均被采取隔离措施，造成严重不良社会影响。该局办公室主任周某某2月1日收到该县疫情防控指挥部办公室发布的《关于进一步加强新冠肺炎防控工作相关事项的通知》后，未按要求承办和向主要领导汇报，导致该局未落实文件要求的日报告制度、郑某某多次违规参与聚餐没有得到提醒和制止，产生严重后果。该局党委书记、局长赵某某对疫情防控工作重视不够，对上级安排部署的防控重点疏于督导落实，对郑某某多次违规聚餐造成严重不良社会影响、周某某严重贻误该局疫情防控工作负有主要领导责任。该局党委被责令深刻反思、作出书面检查；赵某某受到党内警告处分；周某某、郑某某受到党内严重警告处分。上述问题在全国税务系统通报。

袁某某，国家税务总局眉山市某区税务局党委书记、局长。2020年2月，根据当地应对新冠肺炎疫情应急指挥部安排，该局被指定为某社区的疫情防控包保单位，袁某某为负责人。但袁某某当天未及时将包保工作精神传达和安排部署到位；次日在对单位包保工作具体布置时，未将包保工作要求传达到位，导致部分干部仅通过电话联系居家隔离人员，未按要求做到"户户见面"，使包保工作滞后、包保效果大打折扣。袁某某受到党内警告、行政警告处分。上述问题在四川省税务系统、全国税务系统通报。

案例四

吉林省税务局个别单位因核查处理审计问题失职失察被问责

樊某，国家税务总局吉林省税务局某处处长；范某某，A市税务局党委书记、局长；司某某，该市局党委委员、副局长。王某某，A市B区税务局党委书记、局长；迟某某、李某，该区局副局长；李某某、盖某某，该区局货物和劳务税科长、副科长；许某某，该区局税务所长。

2019年3月19日，吉林省税务局要求A市税务局及下属B区税务局核实审计取证资料《税务机关未及时办理退税疑点数据清单》，涉及某建筑材料公司2018年4笔退税业务，分别超过规定期限120天、179天、222天和270天（按工作日计算超期246天）。B区税务局简单核查后认为情况属实，A市税务局随后将核查情况上报省局。省局相关处室负责人也未认真审核把关，便在审计取证单上签字确认。

2019年6月26日，审计署公布了《国务院关于2018年度中央预算执行和其他财政收支的审计工作报告》（以下简称《审计报告》)，指出部分地方减税降费工作中存在的问题，其中包括B区税务局未及时退税、最长超期246天的问题。《审计报告》公布后，国家税务总局经再次核查发现，上述4笔退税中只有1笔超期2天，其余3笔均未超期。原始凭证显示，审计采集的4笔退税日期（均为2018年12月29日）其实是调库日期。原因是B区税务局在办理增值税即征即退业务时，预算科目匹配错误，因此需要年底调库，调库后系统中实际退库时间被调库时间覆盖，由此形成上述审计结论。

该企业4笔业务未发生长时间超期的情形，但最终作为超期问题上报审计署，给税务系统造成严重负面影响，暴露了相关单位履职不尽责、管理粗放不到位、核实不认真、作风漂浮不扎实等问题。

樊某受到批评教育；A市税务局、B区税务局受到通报批评和绩效扣分；范某某、司某某被约谈；王某某被约谈和通报批评；迟某某、李某、李某某受到批评教育；许某某、盖某某受到通报批评。上述问题在吉林省税务系统、全国税务系统通报。

案例五

江西南昌某区税务局因多名税务干部
违反中央八项规定精神被问责

唐某某，国家税务总局南昌市某区税务局党委书记、局长；付某，该区局党委委员、纪检组长；戴某某，该区局下属分局长；余某、万某某，该分局副局长；李某某、熊某某，该分局科员；胡某某，该分局工作人员。

2019 年 6 月 19 日，万某某、胡某某、李某某 3 人前往某混凝土公司进行发票协查，分别收受该公司所送高档香烟 1 包。6 月 24 日，万某某、胡某某、李某某、熊某某 4 人再次前往该公司进行发票协查并于中午接受宴请，万某某、胡某某、李某某 3 人席间饮酒并分别收受高档香烟 1 包，期间万某某使用该公司车辆办私事。6 月 25 日，余某、胡某某、李某某、熊某某 4 人再次前往该公司进行发票协查并分别收受公司所送 3000 元红包。余某等人 5 个工作日内 3 次前往同一公司进行发票协查，并违规接受宴请和香烟价值共计 3000 元，违规收受红包共计 1.2 万元。

上述 5 人违规违纪问题发生在党的十九大之后，影响极坏，反映出部分党员干部纪律规矩意识淡薄，顶风违纪，严重损害税务部门形象。该区局党委落实全面从严治党主体责任不力，教育管理监督不到位，对此负有全面领导责任，唐某某、戴某某负有主要领导责任，付某负有监督责任。

该区局党委被责令作出书面检查；唐某某受到提醒谈话处理，责令作出书面检查；付某受到谈话诫勉；戴某某受到党内警告处分；余某、万某某受到党内严重警告处分，并被免去分局副局长职务；胡某某受到党内严重警告处分；李某某受到行政降级处分；熊某某受到行政记大过处分；余某等5人均调离执法岗位。上述问题在南昌市及该区税务系统通报。

案例六

原海南某市地税局党组书记、局长赖某某等因多名税务干部违规使用公务车加油卡被问责

赖某某，原海南省某市地税局党组书记、局长；钟某某，该局党组成员、副局长；郭某某，该局党组成员、纪检组长（正处长级）；陈某某，该局社保规费征管局调研员；符某，该

局办公室主任。

2013 年 1 月至 2017 年 10 月，该局部分工作人员违规使用公务车加油卡为私家车加油、套取油卡资金，共涉及 147 人，金额共计 251.59 万余元。其中，赖某某、钟某某、郭某某、符某违规使用公务车加油卡，于节假日双休日在省内、工作日在省内市外加油，并单日加油超 800 元，涉及金额分别为 9.59 万余元、2.99 万余元、5.74 万余元、10.72 万余元。陈某某除存在上述问题外，还违规将公务车加油卡交给表弟使用，其表弟使用该加油卡套现，涉及金额共计 6.93 万余元。

该局履行管理、监督职责不到位，职责范围内多名税务干部发生违纪问题，严重影响税务系统形象。对此，该局党组负有全面领导责任，赖某某、钟某某负有主要领导责任，郭某某负有监督责任。

赖某某受到党内警告、行政记过处分；钟某某、符某受到党内警告、行政警告处分；郭某某受到党内警告处分；陈某某受到党内严重警告、行政记大过处分。其他相关直接责任人受到相应处理。上述问题在全国税务系统通报。

案例七

原内蒙古呼伦贝尔某旗地税局因违规发放津补贴或福利被问责

王某甲，原内蒙古自治区呼伦贝尔市某旗地税局党组书记、局长；管某某，该局党组成员、纪检组长；王某乙、冯某某、高某，该局党组成员、副局长；肇某某、吴某，先后任该局办公室主任。

经党组会议研究决定，该局于 2013 年发放福利费 13.2 万元、奖励工资 12.55 万元，2013 至 2015 年发放加班费 15.4 万元，其中：2013 年 6.31 万元、2014 年 4.1 万元、2015 年 4.99 万元。会上，王某甲、管某某、王某乙、冯某某、高某均未对违规发放津补贴或福利提出反对意见。

该局履行全面从严治党主体责任和监督责任不力，管党治党失之于宽松软，对中央三令五申严禁违规发放津补贴的规定置若罔闻，顶风违纪。对此，时任领导班子主要负责人王某甲负有主要领导责任，纪检组长管某某负有监督责任，副局长王某乙、冯某某、高某负有重要领导责任，办公室主任肇某某、吴某负有直接责任。

王某甲受到党内警告处分；管某某受到谈话诫勉；王某乙、冯某某、高某、肇某某、吴某受到批评教育。7人均被责令作出书面检查。上述问题在该旗范围内通报。

案例八

国家税务总局某司因借调人员违反保密纪律被问责

王某，国家税务总局某司处长；秦某某，国家税务总局某司借调工作人员。

2019年6月，国家保密局对国家税务总局开展进驻式保密检查，发现借调至某司工作的秦某某违规将个人U盘接入税务专网计算机，检查组将该U盘登记保存、带回作进一步核查。经国家保密局鉴定，该U盘存储的文件资料中，5份属于国家秘密。对此，该司借调人员秦某某负有直接责任，某处主要负责人王某负有主要领导责任。

该司履行保密职责不到位，依据绩效考评规则进行绩效扣分；该司某处主要负责人王某受到批评教育，责令在全司作出深刻检查；秦某某受到批评教育，责令作出深刻检查。上述问题在全国税务系统通报。

分析点评

习近平总书记强调，要以有效问责强化制度执行，既追究乱用滥用权力的渎职行为也追究不用弃用权力的失职行为，既追究直接责任也追究相关领导责任。税务系统认真贯彻落实新修订的《中国共产党问责条例》，以问责倒逼责任落实，层层传导压力、压实责任，推进全面从严治党向纵深推进、向基层延伸。但从近期税务系统查处的问题看，少数单位全面从严治党依然存在以下问题：

一是党的领导弱化，个别党组织和党员领导干部贯彻落实党中央关于税收工作的决策部署和国家税收政策不到位，甚至不作为、乱作为。如河北某市及下属某县税务局未认真贯彻落实党中央、国务院关于"六稳""六保"的决策部署和工作要求，组织集中清缴欠税、向企业分解税收任务、征收"过头税"，造成恶劣影响；山东滨州、甘肃兰州两县税务局违规在法定申报期前征收税款，严重违背组织收入原则，既破坏正常税收征管秩序，又增加企业负担，干扰企业正常经营，直接影响和冲抵减税降费政策效果。

二是党的政治建设抓得不实，少数党组织和党员领导干部贯彻落实党中央关于疫情防控工作的重大决策部署不力，落实防控要求不到位、履行防控职责不实，造成不良影响。如湖北某县税务局对疫情防控工作重视不够，对上级安排部署的防控重点疏于督导落实；四川眉山某区税务局未及时落实疫情防控包保工作，使包保工作滞后、包保效果大打折扣。

三是党的作风建设松懈，在"四风"问题上仍心存侥幸，不收敛、不知止，在落实中央八项规定及其实施细则精神方面仍存在不彻底、打折扣的现象。如江西南昌某区税务局教育监督管理不到位，职责范围内多名干部接受企业宴请、收受礼品礼金；原内蒙古某旗地税局顶风违纪，违规发放津补贴或福利。

四是党的纪律建设抓得不严，思想认识、履职能力、方法措施跟不上全面从严治党要求。如国家税务总局某司保密责任制落实不力，履行保密职责不到位，对借调人员违规使用个人U盘存储、处理工作秘密甚至国家秘密未及时发现，风险排查不够深入细致，受到问责。

五是全面从严治党主体责任、监督责任落实不到位，对公权力的监督制约不力，好人主义盛行，不负责不担当，党内监督乏力，该发现的问题没有发现，发现问题不报告不处置。

六是履行管理、监督职责不力，职责范围内发生重大事故，造成恶劣影响。如吉林省税务局个别单位核查处理审计问题过程中，相关人员失职失察、未认真审核把关，将不符合实际的核查情况提交给审计部门，严重影响税务部门声誉；原海南某市地税局履行管理、监督职责不到位，有规不依、有章不循，产生"破窗效应"，导致职责范围内多名税务干部违规使用公务车加油卡为私家车加油，数量之多、人员之众，令人震惊。

《中国共产党问责条例》修订以来，分析研究表明2019年问责数量同比下降，问责质量得到提升，党中央关于推动实施精准问责以及整治形式主义官僚主义为基层减负的政策效应充分显现，问责更加精准、规范，问责不力和泛化、简单化问题得到有效纠治，激发了党员干部担当作为、干事创业的积极性，问责的严肃性和公信力进一步增强。

问责作为全面从严治党的利器，是唤醒责任意识、激发担当精神、永葆党的凝聚力和战斗力的重要制度安排。税务系统各级党组织要增强"两个维护"的政治自觉，强化守土有责、守土担责、守土尽责的政治担当，坚持把自己摆进去、把职责摆进去、把工作摆进去，遇到问题注重从自身找问题、查原因，不得向下级党组织和干部推卸责任，切实把条例要求转化为担当行动。各级纪检机构要认真贯彻执行《中国共产党问责条例》，强化对贯彻党中央重大决策部署不力、落实全面从严治党责任不到位及执行和维护制度不力、滥用弃用权力等问题的问责，推动领导干部严格按照制度履职尽责；围绕做好"六稳"工作、落实"六保"任务，聚焦常态化疫情防控和落实减税降费政策重点工作，抓好专项监督，用好问责利器；坚持严字当头、权责统一，实施规范问责、精准问责，增强问责的严肃性和公信力；进一步深化问责"后半篇文章"，加大通报曝光力度，发挥"问责一个、警醒一片"的作用，以明责推动履责、以问责推动落实，使失责必问、问责必严成为常态。

第四篇

▼

职务违法类

🔒 编 者 按

　　党的十九大以来，党中央不断健全党和国家监督体系，持续深化国家监察体制改革，进一步促进执纪执法贯通，有效衔接司法，坚持纪严于法、纪在法前，强化党章党规与宪法法律协同衔接，彰显党中央持续保持惩治腐败高压态势、不断巩固拓展反腐败斗争压倒性胜利的意志决心。税务系统各级党组织和纪检机构认真履行主体责任和监督责任，工作成效比较明显，职务违法行为得到有效遏制，但必须看到全国税务系统的预防职务违法工作与新形势新任务新要求还存在一定差距，少数党组织对行使税收执法权和行政管理权的责任和风险认识不清，基层一线税收执法腐败和失职渎职问题突出。究其原因，既有政治意识不强、管党治党不严不实和日常管理宽松软的原因，也有制度空转、纪检监督缺位、党的基层组织发挥作用不够的问题。本篇选取11个典型问题，警示教育税务干部防范职务风险，举一反三、触类旁通，深刻汲取教训。税务系统各级党组织和纪检机构要认清形势、把握规律，进而加强管理、堵塞漏洞、完善制度，最大限度地避免职务违法行为发生。

案例一

云南宜良县税务局窗口人员贪污税款问题

李某某，国家税务总局宜良县税务局某下属分局派遣员工。

2016年11月至2019年1月，原该县国税局、税务局派遣员工李某某在履行税款征收职责过程中，多次以系统问题、刷卡机故障为由，让纳税人以现金或转账到其个人银行账户的方式缴纳税款。李某某在收取税款后，私自作废系统已开具的税票信息和纸质票证，截留税款占为己有，共计截留税款111笔342.49万余元，涉案税票164张，涉及企业57家。该局曾在2017年、2018年查账过程中两次发现纳税人持有税收票证而相关税款并未入库的情况，但在李某某以纳税人名义补缴税款及滞纳金后，未深入调查处置。

2019年1月，李某某工作岗位调整为导税员，在无权开票的情况下，盗用同事的账号密码，为某公司开具税票，截留税款12万元，后被该局发现并向公安机关报案。李某某因涉嫌违法犯罪被该县税务局解除劳务合同。2019年11月，法院判决李某某犯贪污罪，判处有期徒刑11年，并处罚金人民币 100 万元。

2020 年 5 月 18 日，中央纪委国家监委网站发布《监守自盗的 90 后助征员》一文。国家税务总局党委、中央纪委国家监委驻国家税务总局纪检监察组主要负责同志多次就该案件作出批示，并在全国税务系统开展现金税费征缴专项整治。

案例二

原北京某区地税局税务所办理二手房涉税业务腐败窝案问题

景某某，原北京市某区地税局税务所副主任科员；张某、刘某某，该所协税员。

2011 年 12 月至 2015 年 8 月，时任原该局税务所工作人员的景某某、张某、刘某某等多名税务干部、协税员与房产中介人员相互勾结，违反房屋交易领域相关税收法规，为二手房交易中的纳税义务人偷逃税款提供帮助并收受贿赂，出现塌方式腐败。

该系列窝案中，房产中介人员通过伪造纳税申报材料，勾结该所负责审核的管理员与负责收取税款的协税员不履行审核、复核职责，借此仅缴纳契税，偷逃应缴纳的营业税、个人所得税和土地增值税等税款。主要作案手段有三种：一是通过伪造《商品房买卖合同》等虚假材料，将真实二手房产权信息变更为虚假的一手房交易进行纳税申报；二是通过伪造《近亲属关系公证书》及近亲属间《赠与合同》，将二手房交易按照近亲属间赠与的情形缴纳税款；三是通过修改日期的方式伪造房产证原件、复印件及二手房前次交易契税发票，将真实取得房产证及缴纳契税时间提前，使房屋达到满五年的标准，或通过制作虚假的《售房家庭唯一承诺表》，将不唯一的家庭住房交易，按照唯一家庭住房出售，使不满五年或非家庭唯一住房的二手房交易按"满五唯一"情形缴纳税款。涉案人员先后通过上述手段违规办理二手房交易涉税业务数百笔，累计造成国家税款损失上亿元，收受贿赂合计1500万余元。5名税务干部和11名协税员因犯徇私舞弊不征、少征税款罪和受贿罪被追究刑事责任；2名税务干部主动向组织交代问题，被予以党纪政纪处理；2名处级领导干部和2名科级领导干部被问责处理。

本案中，原该所副主任科员景某某于2014年1月至9月，不征、少征税款共计304万元，调查期间于2016年9月乘飞机外逃阿联酋迪拜，调查组通过对其妻进行说服教育，将外逃3个多月的景某某劝返回国接受调查，后法院判决景某某犯徇私舞弊不征、少征税款罪，判处有期徒刑1年8个月。本案中还有两名90后协税员张某和刘某某，2人在试用期满

转正不足 1 年时间内，违规办理缴税业务造成国家税收损失
1000 多万元，分别受贿 81 万余元和 9 万元。法院判决张某
犯徇私舞弊不征、少征税款罪和受贿罪，判处有期徒刑 6 年，
并处罚金人民币 20 万元；刘某某犯受贿罪，判处有期徒刑 1
年，缓刑 1 年。

案例三

原黑龙江哈尔滨某区地税局税收管理员核定征收玩忽职守问题

吴某某，原黑龙江哈尔滨市某区地税局主任科员；张某
某，原该局主任科员（已退休）。

2008 年 1 月至 2013 年 7 月，时任原该局管理一科科长
的张某某、管理二科主任科员的吴某某，先后在审核调查某
工程监理咨询公司申请按核定征收方式缴纳企业所得税税款
过程中，未按规定调查核实该公司以往税收缴纳方式及成本
费用支出真实情况，仅凭该公司财务人员及聘请的税务代理
公司介绍，便出具该公司成本难以核算的调查报告并提出核
定征收企业所得税的意见，致使该公司在不符合条件的情
况下按照核定方式征收税款，造成国家税款损失共计 206 万

余元。

法院判决吴某某、张某某犯玩忽职守罪，免于刑事处罚。吴某某受到党内严重警告、行政撤职处分，降为副主任科员；张某某受到党内严重警告处分，降低至副主任科员退休待遇。

案例四

原北京某区国税局窗口人员徇私舞弊发售发票问题

赵某某，原北京市某区国税局税务所科员。

2017年，赵某某盗取他人业务系统账号及密码，并利用受理纳税人提交涉税申请事项及发票审批的职务便利，收受不法分子4.8万元好处费，违规为80余户企业办理增值税普通发票增量业务110余次，发售增值税普通发票9000余份。上述企业开具发票后走逃，造成国家税款损失1800万余元。

法院判决赵某某犯受贿罪、徇私舞弊发售发票罪，判处有期徒刑5年3个月，并处罚金人民币10万元。赵某某受到开除公职处分。

案例五

原重庆某县国税局税务所长违规审批最高开票限额等问题

翟某某，国家税务总局重庆市某县税务局税务所科员。

2016年9月至2017年1月，时任原该县国税局某税务所长的翟某某，在未对企业进行实地核查，未认真审核企业报送的申请材料是否真实的情况下，先后违规审批同意8家空壳公司领用最高开票限额100万元的增值税专用发票的申请。上述公司于2016年10月至2017年3月，共领用增值税专用发票（百万元版）1027份，实际虚开增值税专用发票987份，虚开增值税专用发票金额合计9.6亿余元，税额合计1.6亿余元，虚开增值税专用发票被下游企业认证抵扣税款1.4亿余元。

虚开过程中，上述公司非法购买的增值税进项发票出现认证后失控的情况，请翟某某帮忙处理。2017年2月至3月，上述公司实际控制人为感谢翟某某帮忙处理失控发票，送给其人民币现金30万元，并通过刷卡方式代其支付2万元购车定金。

法院判决翟某某犯滥用职权罪、受贿罪，判处有期徒刑8年6个月，并处罚金人民币20万元。翟某某受到开除公职处分。

案例六

山东菏泽某区税务局出口函调人员玩忽职守致使企业出口骗税问题

李某某、刘某，国家税务总局菏泽市某区税务局下属分局科员。

2015年10月至11月，时任原该区国税局某下属分局副局长的李某某及管理员刘某，在收到下游受票企业主管税务机关要求调查某电子公司增值税专用发票业务真实性的来函后，未认真核实该电子公司提供的物流单、原材料和产品出入库单等材料的真实性；也未按照区局有关领导要求向上游开票企业主管税务机关发函调查；发现该电子公司货款收支存在资金回流等虚开增值税专用发票的嫌疑后，未建议移交税务稽查部门处理。李某某、刘某于11月12日以正常业务复函，致使某科技公司使用虚开的增值税专用发票办理了出口退税业务，骗取国家税款153万余元。

法院判决李某某、刘某犯玩忽职守罪，免于刑事处罚。李某某、刘某受到党内严重警告、行政降级处分。

案例七

原广东某市国税局稽查人员徇私舞弊不移交刑事案件问题

温某某，原广东省某市国税局下属分局办公室主任；张某，原该市国税局某稽查局案件审理科员。

2013年8月，时任原该市国税局某稽查局办公室主任兼综合选案股长的温某某、检查股长的张某，在对某贸易公司涉税问题进行税务稽查时，与该公司实际控制人杨某某交往过密，在核查该公司与另外2家公司是否存在真实货物交易过程中，没有采取任何有效措施核实交易的真实性，放任该公司弄虚作假，提供资料漏洞百出。该公司虚假交易事实明显，依法应认定属于恶意取得增值税专用发票，并应将案件移交司法机关处理，但温某某、张某在办理案件过程中徇私舞弊，作出该公司属于善意取得虚开增值税专用发票、建议追缴增值税专用发票已抵扣税款的结论，然后将案件提交审理，以追缴税款方式结案。

温某某、张某的上述行为放纵了杨某某虚开增值税专用发票的犯罪行为，后期杨某某得以继续纠集23人组成犯罪团伙，专门成立9家空壳公司大肆虚开增值税专用发票，共虚开增值税专用发票38680份，价税合计52.41亿余元，税款7.6亿余元，已认证抵扣税额7.07亿余元，造成国家税款巨额损失。

法院判决温某某、张某犯徇私舞弊不移交刑事案件罪，分别判处有期徒刑1年6个月。温某某、张某受到开除党籍、开除公职处分。

案例八

原青岛市国税局领导干部干预执法受贿问题

罗某某，原青岛市国税局某下属分局副局长。

2016年至2017年，罗某某利用职务便利及影响力，在税务稽查事项中，为某木业公司总经理胡某、某塑胶制品有限公司股东程某某提供帮助，并分别收受胡某提供的3张面值共计1.5万元的购物卡及程某某提供的1张卡内金额2万元的银行卡。此外，罗某某还存在其他违法问题。

法院判决罗某某犯受贿罪，判处有期徒刑 6 个月，缓刑 1 年，并处罚金人民币 10 万元。罗某某受到开除党籍、开除公职处分。

案例九

甘肃镇原县税务局行政内勤人员违规出具契税证明问题

王某，国家税务总局镇原县税务局某下属分局科员。

2016 年 9 月至 2017 年 3 月，时任原该县税务局某下属分局税收管理员兼任内勤的王某，利用管理公章的职务便利，违反规定未经审批擅自给 2 家房地产开发商出具不符合规定的免缴、缓缴契税证明 5 份，用于办理房产登记手续，涉及税款共计 177 万余元。案发后，王某主动向所在单位供述自己的错误，并积极督促相关企业清缴税款，至 2017 年 7 月涉案税款全部追回。

2018 年 6 月，该县检察院对其作出不起诉决定。王某受到党内严重警告、行政降级处分。

案例十

大连某区税务局财务人员挪用贪污公款问题

孙某，国家税务总局大连市某区税务局下属分局副科级干部。

2013年4月至2017年6月，时任原该区国税局出纳的孙某，利用职务便利，采用现金支票提取现金不记账或者少记账、转账不记账等手段，多次挪用单位基本账户中的公款共计309万余元，用于偿还个人信用卡欠款和日常消费。

2013年7月，孙某从基本账户中转账5450元至个人借记卡中，并在当月以餐费发票平账；11月，孙某在基本账户无实际支出的情况下，分5笔在单位银行日记账虚列支出共计26万余元，将其挪用的部分公款在账面上予以冲减。孙某贪污公款共计27万余元。

法院判决孙某犯挪用公款罪、贪污罪，判处有期徒刑6年，并处罚金人民币20万元。孙某受到开除公职处分。

案例十一

五省市税务系统信息系统管理员出卖企业信息数据牟利问题

蒋某，国家税务总局湖南省税务局信息中心主任科员。2009年5月，某咨询公司谭某（另案处理）通过添加QQ群的方式结识蒋某，以企业行业分析为由向蒋某提出提供该省涉税企业资产负债表、利润表等财务数据的请托，并约定按照50元/条的标准支付好处费。蒋某利用其时任原该省国税局信息中心工作人员的职务便利，在未经审批的情况下，向谭某违规提供该省企业财务数据，并收受好处费。期间，谭某还向蒋某提出查询并提供外省市企业财务数据的请托，并承诺按照60元/条的标准向蒋某支付好处费。蒋某通过原国税系统培训通讯录分别联系了外省市原国税局信息中心工作人员张某等4人，以企业数据研究等理由，要求提供所在省市企业财务数据，并按照30元/条或35元/条的标准支付4人好处费。2009年5月至2017年8月，蒋某收受谭某转账和现金支付的好处费合计372.56万余元，其中，向张某等4人转账支付好处费188.15万余元。蒋某受到开除党籍、开除公职处分。法院判决蒋某犯受贿罪，判处有期徒刑10年，并处罚金人民币50万元。

张某，国家税务总局浙江省税务局某下属分局二级主任科员。2009年10月至2017年8月，张某在原该省国税局信息中心工作期间，受蒋某请托，利用负责征管系统维护、数据分析、软件开发等工作便利，登录税务征管信息系统，违规私自查询、提供企业财务数据，并收取蒋某支付的好处费共计29.7万余元。张某受到开除党籍、开除公职处分。

王某某，国家税务总局山东省税务局信息中心主任科员。2014年7月，蒋某主动联系王某某，请王某某提供该省企业财务数据，并承诺向王某某支付查询费。王某某先是以违反规定为由予以拒绝，在蒋某以企业财务数据不是保密信息、自己仅用于数据分析不会对外泄露等理由多次劝说后，王某某最终同意向蒋某提供相关数据。2014年11月至2017年8月，王某某利用其在原该省国税局信息中心工作的便利，使用征管系统账号和密码，利用自己的"一般查询岗位"权限，超越工作职责，未经审批程序，违规查询并擅自通过电子邮箱向蒋某提供相关企业财务数据，并收受蒋某支付的好处费共计11.75万余元。王某某受到开除党籍、行政撤职处分，降为科员。

黄某某，国家税务总局深圳市税务局信息中心主任科员。2011年至2017年，黄某某在原该市国税局信息中心工作期间，受蒋某请托，利用职务上的便利，向蒋某提供该市相关企业财务数据，收受蒋某给付的好处费共计 50.71 万余元。黄某某受到开除党籍、开除公职处分。法院判决黄某某犯受贿罪，判处有期徒刑 1 年 1 个月，并处罚金人民币 10 万元。

冯某某，国家税务总局镇江市税务局信息中心副主任科员。2009 年 11 月至 2017 年 8 月，冯某某利用管理原江苏省国税局监控决策系统的职务便利，多次从该系统获取省内企业财务数据，通过电子邮箱提供给蒋某，收受蒋某支付的好处费共计 95.98 万余元。冯某某受到开除党籍、开除公职处分。法院判决冯某某犯受贿罪，判处有期徒刑 2 年 6 个月，并处罚金人民币 20 万元。

分析点评

近年来，税务系统各级党组织认真落实党中央、国务院决策部署以及中央纪委国家监委各项要求，持续不断推进全面从严治党，为税收改革发展提供坚强保证。但从近期查处的问题看，仍有少数税务人员利用职务便利以税谋私，主要有以下问题：

一是贪污税款问题。税款征收是税务机关依照法律、行政法规的规定，将纳税义务人依法应缴纳的税款，组织征收入库的一系列活动的总称，是依法征税和依法纳税在过程上的统一。但个别税务人员却在收取纳税人以现金方式缴纳的税款后，不按规定汇总上解入库，而是隐瞒或者挪作他用，如云南李某某在收取税款后，私自作废系统已开具的税票信息和纸质票证，截留税款据为己有。

二是不征、少征税款问题。根据国家税务总局印发的《税收管理员制度（试行）》（国税发〔2005〕40号）第六条规定，"调查核实纳税人纳税申报事项和其他核定、认定事项的真实性"是税收管理员一项十分重要的职责。但少数税务人员玩忽职守或利用手中掌握的自由裁量权谋取个人私利，不征、少征应征税款。如北京某税务所多名税务干部、协税员与房产中介人员相互勾结，在二手房交易中为纳税义务人偷逃税款提供帮助并收受贿赂；黑龙江吴某某、张某某未按有关规定调查核实，致使纳税人在不符合核定征收的情况下按照核定方式征收税款，造成国家税款损失。

三是发票违法问题。发票是单位和个人在购销商品、提供或接受服务以及从事其他经营活动所开具和收取的业务凭证，也是会计核算的原始依据和抵扣税款的凭证。一些不法分子想方设法获取并非法开具和使用增值税发票，将虚开税款抵扣应纳税额，虚增成本费用，造成国家税款损失，其中也有少数税务人员知法犯法、职务违法。如北京赵某某违规办理发票增量业务并发售发票；重庆翟某某违规审批最高开票限额。

四是玩忽职守导致企业骗取出口退税问题。出口退税制度，是指国家为了鼓励出口，在其出口时将部分已征税款予以退还的鼓励出口政策。随着我国进出口贸易的高速增长，出口退税管理风险也一直居高不下。税务部门常用的出口退税管理手段是以税收函调的方式了解业务真实情况，如果函调人员不认真履行职责，领导监管不力，就难以发现骗税问题。如山东李某某、刘某未认真审核出口函调资料，也未按领导要求向上游企业主管税务机关发函调查，在企业存在资金回流等重大虚开嫌疑的情况下，出具业务正常函，导致不法分子成功骗取退税。

五是稽查人员职务违法问题。税务稽查在打击涉税违法行为、保障税收收入、规范征纳秩序、促进依法治税等方面起着积极作用，是税务机关执法刚性的体现。因为稽查人员掌握税收检查权和一定的自由裁量权，如果不能正确履职，甚至以权谋私，就会给不法分子以可乘之机，造成国家税款损失。如广东温某某、张某在查办案件过程中徇私舞弊，放纵不法分子虚开增值税专用发票的犯罪行为，造成国家税款巨额损失。

六是领导干部利用职务影响干预执法、谋取利益问题。领导干部主要负责全局性统筹、决策和管理，不直接从事税收执法工作。但是，领导干部通过干预执法来换取个人利益的现象时有发生，一些领导干部利用手中的权力或影响力，通过"打招呼""递条子"等手段直接干预税收征管与稽查。如青岛罗某某利用其作为领导干部的职务便利，收受贿赂，在税务稽查等方面为他人谋取不正当利益。

七是私盖公章、出具虚假证明问题。公章管理无小事，作为管理使用公章的行政内勤人员更应该加强自身建设，充分认识公章使用存在的风险，稍有不慎就会造成严重后果。如甘肃王某利用公章管理之便，违规出具免缴、缓缴契税证明，被用于办理房产登记手续，造成177万余元税款未及时入库。

八是财务人员挪用贪污公款问题。后勤财务管理历来都是内部审计和岗位风险防范的重点，但个别单位存在岗位分设制衡形同虚设、费用报销支出审核把关不严、内部审计流于形式等问题，导致挪用贪污公款行为长期未被发现查处。如大连孙某某在4年多的时间里，挪用公款309万余元，贪污27万余元。

九是出卖涉税数据牟利问题。随着税务系统信息化建设不断推进，纳税人和缴费人数据的收集、存储、使用日益频繁，数据安全的重要性日益凸显，但对系统登录、数据查询使用等方面的监控手段和措施不够完善，信息安全相关制度机制建设相对滞后。少数工作人员利用涉税数据的查询、管理、维护的职务便利，出卖企业涉税数据牟利，受到党纪国法追究。如五省市税务系统信息系统管理员接受请托，利用职务便利出卖企业信息数据牟利。

这些典型案例性质恶劣，情节严重，究其原因，既有少数党员干部理想信念缺失、法纪意识淡薄、心存侥幸私欲膨胀等问题，也暴露出有的单位对税收执法权和行政管理权重点领域和关键岗位的事前预防不到位、事中监控不规范、事后发现查处不及时，各环节间的相互衔接制约不紧密，甚至有的干部长期作案未被及时发现等问题。

《税收违法违纪行为处分规定》第四条规定："税务机关及税务人员有下列行为之一的，对有关责任人员，给予记过或者记大过处分；情节较重的，给予降级或者撤职处分；情节严重的，给予开除处分：（一）违反规定发售、保管、代开增值税专用发票以及其他发票，致使国家税收遭受损失或者造成其他不良影响的；（二）违反规定核定应纳税额、调整税收定额，导致纳税人税负水平明显不合理的。"第六条规定："税务机关及税务人员有下列行为之一的，对有关责任人员，给予记过或者记大过处分；情节较重的，给予降级或者撤职处分；情节严重的，给予开除处分：（一）对管辖范围内的税收违法行为，发现后不予处理或者故意拖延查处，致使国家税收遭受损失的；（二）徇私舞弊或者玩忽职守，不征或者少征应征税款，致使国家税收遭受损失的。"第二十条规定："有税收违法违纪行为，应当给予党纪处分的，移送党的纪律检查机关处理。涉嫌犯罪的，移送司法机关依法追究刑事责任。"

新松恨不高千尺，恶竹应须斩万竿。税务系统各级党组织要认真履行全面从严治党主体责任，紧盯公权力运行各个环节，按照分权控权制衡和严格履行程序的原则，进一步优化权力结构，规范权力运行，实行信息公开，切实提高权力行使的透明度；全面排查廉政风险点，建立事前预防、事中监控、事后及时发现问题、及时查处的机制；持续深化内控机制信息化建设，构建全面覆盖、全程防控、全员有责的内部风险防控体系。各级纪检机构要不断提升监督的政治性、精准性、时效性，着力构建具有税务行业特色、符合税收工作实际的职务违法预防体系，精准纠正偏差；及时发现和查处依法履职、廉洁从税从业等方面存在的问题，坚持高压态势，对涉嫌职务违法、职务犯罪的依法移送监察机关、司法机关；突出重点，督促所在单位围绕政策落实、发票管理、出口退税、税务稽查、选人用人、政府采购、信息化建设、基建工程、资产管理以及核定征收、二手房交易税收管理等权力运行各个环节，认真排查风险，深入分析问题根源，研究提出并切实采取更有针对性的具体措施。广大党员干部要增强风险防控意识和法纪意识，克己慎行、守住底线，加强自我约束，主动接受组织监督，在遵纪守法、严于律己上作表率；提高专业能力，严格依照法律规定的权限和程序，正确行使手中权力，绝不能将权力作为谋取私利的工具。

第五篇

非职务违法类

编者按

习近平总书记告诫广大党员干部，要对宪法法律始终保持敬畏之心，带头在宪法法律范围内活动。党的十九大以来，中央纪委国家监委贯通规纪法、衔接纪法罪，践行依规依纪依法原则，促进适用纪律和适用法律有机衔接。税务系统各级党组织和纪检机构坚持同题共答、同向发力，加强对干部"八小时以外"的监督，但仍有部分干部触犯纪律底线和法律红线，反映出少数党员干部纪法意识弱化、党组织教育监督管理虚化等问题。本篇选取7个非职务违法典型问题，教育引导税务干部强化纪法意识、树立底线思维，在"八小时以外"保持积极向上的生活方式，抵制各种不正之风，培养高尚道德情操，慎言慎行、慎独慎微，举止规范、遵纪守法，自觉维护税务机关良好形象。

案例一

北京某区税务局邱某某醉酒驾驶问题

邱某某，国家税务总局北京市某区税务局税务所副所长。2019年6月5日12时至14时30分，邱某某与他人聚餐并大量饮酒；14时38分，邱某某驾驶机动车与交警王某某驾驶的警用摩托车相撞，造成王某某二级轻伤，两车损坏。事故发生后，为逃避法律追究，邱某某趁现场人员救助伤员时弃车逃逸，并主动约他人于当日17时再次饮酒。当日23时，邱某某被公安机关抓获。法院判决邱某某犯危险驾驶罪，判处拘役5个月，并处罚金人民币3000元。

邱某某受到开除党籍、开除公职处分。

案例二

辽宁沈阳某区税务局董某吸毒问题

董某，国家税务总局沈阳市某区税务局税务所主任科员。2019年7月23日，董某在某玩具城院内自己车里吸食冰毒，被公安机关查获。公安机关对其作出行政拘留15日的处罚。

董某受到留党察看二年、行政撤职处分。

案例三

天津市税务局两干部聚众赌博问题

袁某某，国家税务总局天津市税务局某下属分局二级主任科员。梁某某，国家税务总局天津市某区税务局税务所科员。2019年10月26日，袁某某、梁某某等人在天津市某建筑公司办公室内以打麻将方式进行赌博，被公安机关当场查获。公安机关分别对袁某某、梁某某作出行政拘留15日、罚款 3000 元的处罚，并收缴袁某某赌资 11435 元、梁某某赌资 15800 元。

袁某某、梁某某受到党内严重警告、行政记大过处分。

案例四

厦门某区税务局资某某嫖娼问题

资某某，国家税务总局厦门市某区税务局社会保险费和非税收入科长。2019 年 8 月 9 日 15 时，资某某、高某经电话联系，约定嫖娼卖淫。当日 16 时，资某某来到高某住处与其发生关系，并通过微信扫码支付嫖资 1000 元，在离开现场时被公安机关当场查获。8 月 10 日，公安机关对资某某作出罚款 500 元的处罚。

资某某受到开除党籍、行政撤职处分。

案例五

新疆某市税务局周某某非法侵入住宅问题

周某某，国家税务总局某市税务局税源管理一股主任科员、党支部副书记。2019年3月28日晚，周某某与朋友聚会饮酒过量后，误走到其住宅小区23幢2单元501室的隔壁3单元501室，在室内有人应答的情况下撞门而入，并与该住宅房主及其儿子发生肢体冲突，非法侵入他人住宅。4月25日，公安机关对周某某作出行政拘留8日、罚款500元的处罚。

周某某受到撤销党内职务、行政撤职处分。

案例六

黑龙江鹤岗某区税务局高某某
非法拘禁等问题

　　高某某，国家税务总局鹤岗市某区税务局科员。2016年11月，借款人王某某在筹建养殖场期间，因生产经营缺少资金，用其本人居住小区的8户车库作为抵押向金某某（高某某团伙成员，另案处理）借款40万元，月利息5%。2017年1月，王某某通过高某某介绍，用其本人居住的2户住宅和同一小区5户车库作为抵押向于某（高某某团伙成员，另案处理）借款50万元，月利息10%。借款到期后，王某某无能力偿还上述高额利息债务，高某某等人多次纠集，对王某某采取非法拘禁、辱骂、殴打等手段进行讨债。经法院查明认定，高某某等人为索要高额利息债务，以暴力、威胁等手段多次实施违法犯罪活动，扰乱他人生活秩序，造成较为恶劣的社会影响，构成恶势力犯罪团伙。法院判决高某某犯非法拘禁罪，判处有期徒刑2年。

　　高某某受到开除党籍、开除公职处分。

案例七

原浙江丽水某县国税局周某某诈骗、贷款诈骗等问题

周某某，原浙江省丽水市某县国税局党组书记、局长。2017年4月至11月，周某某在已负债3300万余元无力偿还的情况下，隐瞒真实债务情况，虚构借款用途，以短期借款拆东墙补西墙的方式，骗取下属及纳税人共17人巨额借款1510万元，用于归还其所欠债务，造成损失共计1324万元。2017年4月至7月，周某某在明知没有偿还能力的情况下，虚构贷款用途或骗取下属担保，诈骗该县3家银行贷款250万元。此外，周某某还存在其他严重违纪违法问题。

法院判决周某某犯诈骗罪、贷款诈骗罪、受贿罪，判处有期徒刑20年，并处罚金人民币60万元。周某某受到开除党籍、开除公职处分。

分析点评

共产党员作为具有共产主义觉悟的先锋战士，理应在遵纪守法等方面发挥带头示范作用，接受更严格的监督、管理和约束。《中国共产党纪律处分条例》规定了对违法犯罪党员的纪律处分，明确党员依法受到刑事责任追究、政务处分、行政处罚，应当追究党纪责任的，给予党纪处分或者组织处理。当前，税务系统仍有少数党员干部无视党规党纪和国家法律法规，触犯纪律底线和法律红线，受到了党纪国法双重惩罚。例如，有的酒后失德，酒驾撞伤他人弃车逃逸，或非法侵入他人住宅；有的腐化堕落，吸毒、赌博、嫖娼等；有的恣意妄为，以非法拘禁等手段索要高额利息债务，或实施诈骗、数额巨大，均受到严肃处理。

这些党员干部"八小时以外"违法行为，不仅与党章规定的"模范遵守国家的法律法规""在生产、工作、学习和社会生活中起先锋模范作用"等党员义务要求相去甚远，还损害党、国家和人民利益，损害税务系统形象，也给自己和家庭带来无法挽回的伤害，教训极其深刻。税务系统少数党员干部出现上述问题，既有个人纪法意识淡薄、思想觉悟滑坡、放松自我约束的原因，也有党组织"八小时以外"监督管理宽松软的问题。

《中国共产党纪律处分条例》第三十二条规定："党

员犯罪，有下列情形之一的，应当给予开除党籍处分：（一）因故意犯罪被依法判处刑法规定的主刑（含宣告缓刑）的；（二）被单处或者附加剥夺政治权利的；（三）因过失犯罪，被依法判处三年以上（不含三年）有期徒刑的。"第三十三条规定："党员依法受到刑事责任追究的，党组织应当根据司法机关的生效判决、裁定、决定及其认定的事实、性质和情节，依照本条例规定给予党纪处分，是公职人员的由监察机关给予相应政务处分。党员依法受到政务处分、行政处罚，应当追究党纪责任的，党组织可以根据生效的政务处分、行政处罚决定认定的事实、性质和情节，经核实后依照规定给予党纪处分或者组织处理。"

　　严管才是厚爱。税务系统各级党组织要引以为戒，深刻反思，把"八小时以外"监管工作纳入全面从严治党"两个责任"，切实担负起教育管理监督的职责，研究探索制定非公务交往管理办法，对发现的苗头性倾向性问题及时咬耳扯袖，抓早抓小，防患未然；要积极与相关职能部门沟通，建立党员干部违法情况通报机制，及时掌握党员干部违法情况，早发现、早处置。各级纪检机构要创新监督方式，注重把党内监督和党外监督结合起来，形成监督合力，巩固发展执纪必严、违纪必究常态化成果；坚持从政治教育、廉洁教育和警示教育等多方面入手，紧盯不良倾向性苗头性问题，加强纪法教育，使崇法守纪意识入脑入心。广大党员干部要加强党规党纪和国家法律法规的学习，进一步提高政治意识和法纪思维，做到心有所畏、言有所戒、行有所止；自觉净化生活圈、交往圈、休闲圈，时刻严守纪律规矩，严格执行法律法规和制度规定，做到不越底线、不闯红线、不触高压线；模范遵守社会公德、职业道德、家庭美德，养成高尚的精神追求和健康的生活情趣，坚决防止影响党员干部形象行为的发生，树立向上向善的道德"风向标"。

后　记

2016 年以来，我们每年组织编写《以案明纪——税务系统警示教育案例选编》，面向税务系统发行，在推动税务系统各级党组织落实全面从严治党政治责任、强化警示教育、提高纪检干部监督执纪问责能力等方面发挥了积极作用。

本书以发生在税务系统的真实案例为基础，深入剖析不同税收岗位和环节面临的违纪违法风险，突出税务行业特点，既作为对党员干部特别是领导干部进行警示教育的教材，也可为各级纪检部门监督执纪提供工作参考，是学习中央八项规定及其实施细则精神、《中国共产党纪律处分条例》和《中国共产党问责条例》的重要辅导读物。

书中内容如有疏漏，敬请读者批评指正，以便进一步修订完善。

编　者

2020 年 12 月